多维视角下的人力资源管理与财务会计实践

巩志业　关晓宇　刘丽霞　著

中国商业出版社

图书在版编目（CIP）数据

多维视角下的人力资源管理与财务会计实践 / 巩志业，关晓宇，刘丽霞著. -- 北京 ：中国商业出版社，2024. 10. -- ISBN 978-7-5208-3175-8

Ⅰ. F243；F234. 4

中国国家版本馆CIP数据核字第202460XT09号

责任编辑：袁　娜

中国商业出版社出版发行

（www.zgsycb.com　100053　北京广安门内报国寺1号）

总编室：010-63180647　编辑室：010-83128926

发行部：010-83120835/8286

新华书店经销

天津和萱印刷有限公司印刷

*

710毫米 × 1000毫米　16开　12.75 印张　220千字

2024年 10月第 1 版　2024年 10月第 1 次印刷

定价：65.00 元

* * * *

前　言

人力资源管理不仅关乎人才的吸引、培养与保留，更是构建社会文化、驱动社会创新并持续发展的关键力量。它通过优化人力资源配置，提升个体与集体的满意度与绩效，为社会创造不可估量的价值。而财务会计实践，则是经济活动的语言，它通过精准的记录、分析与报告，为管理层提供决策支持，确保财务健康与可持续发展。

本书从多维角度深入剖析人力资源管理与财务会计的实践。从人力资源管理的理论框架出发，逐步深入人力资源的配置、培养、激励与职业发展等核心领域，同时详细探讨了员工关系与安全健康管理的重要性。此外，本书还重点研究新技术如何赋能人力资源管理模式创新以及新经济时代下人力资源管理的创新路径。特别值得一提的是，本书专门设置章节阐述财务会计与人力资源管理的融合之道，并对财务会计不同要素的核算与管理进行详细分析。最后，本书深入探究了财务会计领域的新发展，包括信息化的应用、共享中心的构建以及智能化体系的建设等前沿话题。

本书不仅为人力资源与财务会计从业人员提供了宝贵的理论指导，更为新经济形势下的管理创新提供了有力的实践参考。

本书由巩志业（青岛市即墨区事业单位人事服务中心）、关晓宇（长春金融高等专科学校）、刘丽霞（河北省地质矿产勘查开发局第六地质大队 <河北省地质矿产勘查开发局航空测量应用中心>）共同撰写，感谢赵真真（滨州市滨城区机关政务保障中心）、于佳卉（山东正元环境科技有限公司）、佟钢（中国邮政北京物流高科技项目部）为本书撰写提供的帮助。

笔者在撰写本书的过程中，得到了许多专家学者的帮助和指导，在此表示诚挚的谢意。由于作者水平有限，加之时间仓促，书中所涉及的内容难免有疏漏之处，希望各位读者多提宝贵意见，以便作者进一步修改，使之更加完善。

目　录

第一章　人力资源管理的理论框架……1

第一节　人力资源管理的内涵及作用……1

第二节　人力资源管理的任务和目标……3

第三节　人力资源管理的相关理论……6

第四节　人力资源管理的战略规划……16

第二章　人力资源配置与培养探究……22

第一节　职位与人员分类管理……22

第二节　人力资源招聘、甄选与录用……24

第三节　人力资源培训与开发的新思考……34

第三章　人力资源激励与职业发展……43

第一节　人力资源绩效管理与激励……43

第二节　人力资源薪酬体系设计与管理……46

第三节　人力资源职业生涯规划与管理……51

第四章　员工关系与安全健康管理……56

第一节　劳动关系概述……56

第二节　劳动标准与合同管理……59

第三节　劳动争议的处理与预防……64

第四节　员工安全与健康管理……70

第五章　新技术赋能人力资源管理模式创新……73

第一节　大数据技术与人力资源管理创新……73

第二节　信息化技术推动人力资源管理效能提升……77

第三节　智慧考勤技术在人力资源管理中的应用……80

第四节　人工智能技术与人力资源管理实践……86

第六章 新经济时代人力资源管理创新研究 …… 91
第一节 共享经济与人力资源管理创新 …… 91
第二节 数字经济与人力资源管理创新 …… 94
第三节 绿色人力资源管理的创新思考 …… 99
第四节 人力资源与经济高质量发展的协调 …… 101
第七章 财务会计与人力资源管理的融合 …… 108
第一节 财务会计的内涵及其特点 …… 108
第二节 财务会计的目标和任务 …… 114
第三节 财务会计的内容、原则与方法 …… 117
第四节 财务会计准则与人力资源管理 …… 134
第八章 财务会计不同要素的核算与管理 …… 138
第一节 资产、负债的核算与管理 …… 138
第二节 净资产的核算与管理 …… 163
第三节 收入、支出的核算与管理 …… 171
第九章 财务会计领域的新发展探究 …… 181
第一节 财务会计信息化的应用与实践 …… 181
第二节 财务共享中心的构建与运营 …… 184
第三节 财务智能化体系的建设与发展 …… 188
参考文献 …… 193

第一章　人力资源管理的理论框架

人力资源管理作为单位管理的核心组成部分，其理论框架的构建对于指导实践具有重要意义。本章旨在深入探讨人力资源管理的内涵及作用、任务和目标及相关理论，为后续章节提供理论支撑。

第一节　人力资源管理的内涵及作用

一、人力资源管理的基本内涵

人力资源管理是组织依据法律规定、人力资源开发和管理的目标，对其内部的人力资源开展的规划、获取、流动、薪酬福利设计、绩效考核与奖惩、监督、培训与开发等各项管理活动及过程的总和。

人力资源管理的内涵涉及以下方面。

第一，人力资源管理强调以人为中心。这意味着在管理实践中，要将人视为组织最宝贵的资源，关注个体的需求、成长与发展。通过制订个性化的培训计划、提供多样化的职业发展路径以及建立公平、透明的评价体系，来激发员工的潜能，促进员工个人目标与组织目标的共同实现。

第二，人力资源管理注重战略性规划。它要求管理者从组织长远发展的角度出发，分析未来业务趋势，预测人力资源需求，并据此制定相应的人才吸引、保留与提升策略。这种前瞻性思维方式有助于确保组织在激烈的市场竞争中拥有持续的人才优势。

第三，人力资源管理强调团队协作与沟通。它通过建立有效的沟通机制，促进信息在组织内部的流通，增强团队凝聚力。同时，通过团队建设活动、跨部门合作项目等方式，培养员工的协作精神，提高整体工作效率和创新能力。

第四，人力资源管理还涉及薪酬与福利体系的设计。一个合理的薪酬结构不仅能够吸引和留住优秀人才，还能有效激励员工，提升其工作热情。而完善的福利制度，如健康保险、带薪休假等，则体现了组织对员工生活的关怀，有助于构建和谐的劳动关系。

第五，人力资源管理强调持续学习与组织文化的塑造。它鼓励员工不断学习新知识、新技能，以适应不断变化的工作环境。同时，通过塑造积极向上的组织文化，引导员工形成共同的价值观和行为准则，增强组织的凝聚力和向心力。

二、人力资源管理的作用

在组织的运行和发展中，人力资源管理起着举足轻重的作用，其作用主要体现在以下三个方面。

第一，人力资源管理对于开发人的能力、调动人的积极性和创造性、推动经济和社会的发展具有重要作用。人是生产活动中最基本、最活跃、最关键的因素，提高人的素质，充分调动人的积极性、创造性，合理地利用人力资源，是提高生产力的主要途径。而提高人的素质，关键在于对人力资源进行开发和管理。人力资源管理部门根据社会经济和社会发展的需要，从组织的战略目标出发，有计划、有步骤地吸收、培养、选拔、任用人才，使个人能力与岗位要求、个人发展与组织目标相适应，做到人事相宜，这样才能不断推动社会和经济的发展。

第二，人力资源管理是组织生存和发展的根本保证。当代社会发展日益复杂，分工越来越细，竞争越来越激烈，谁拥有了一流的人才，谁就掌握了发展的主动权，谁就能在竞争中击败对手，为自己的生存和发展赢得更广阔的空间。在这样的环境下，组织要生存和发展，最根本的就是选好人、用好人、留住人，处理好人与事、人与人、人与组织之间的关系。人力资源管理在认真分析各类人才的特点、研究各类人才的成长规律的基础上，对人才进行合理的培养和使用，通过制定完善及科学的人事管理制度来挖掘、发现、培养、使用各类人才，从而为组织的生存和发展奠定坚实的基础。

第三，人力资源管理有助于组织提高运作效率和经济效益。众所周知，组织中的人是社会的人，他们不但需要衣食住行等物质生存条件，而且有思想、有感情、有尊严，这就决定了人力资源管理必须设法为员工创造一个能满足他们多方面需要的工作环境，使他们安于工作、乐于工作、忠于工作，并能够积极主动地奉献个人的全部智慧和潜力，为组织发展作出更大的贡献。因此，在人力资源管理过程中，组织必须处理好物质奖励、行为奖励、精神支持这三者之间的关系，通过考核、奖惩、晋升、工资、福利等多种手段来调动各级员工的积极性和创造性，满足他们在物质方面和精神方面的合理需求，使员工始终保持较高的工作热情，充分发挥自己的专长，努力学习专业技术，不断改进工作。这样不仅可以为组织节省大量的人力、财力、物力，有效地减少劳动消耗，而且可以使组织更科学地配置人力资源，从而提高组织的工作效率和经济效益。

第二节　人力资源管理的任务和目标

一、人力资源管理的任务分析

（一）营造良好的人力资源管理环境

人力资源管理的良好环境是高效开发人力资源的基础，是人力资源顺利成长和合理使用的基础。只有打好这个基础，人力资源管理与开发的各种措施才能奏效。营造良好环境应着力做好以下三个方面的工作。

第一，依法规范组织的行为，摒弃过时的观念和不合时宜的人事制度，合理确定其职权，科学配置其职能，明确界定其功能，逐步建立和完善科学的人力资源管理体制，以保证人力资源管理职能的有效实现。

第二，依法制定科学、合理的人力资源管理规则。比如，管理部门依据什么样的原则和思想来指导管理活动，人才是依据什么标准被选拔、任用和晋升的等。建立起一整套法治化的管理规则和行为准则，提供一种理性、客观、公正的人力资源管理环境，为优秀人才脱颖而出创造条件。

第三，把科学、先进的人力资源管理理念贯穿于具体的管理措施和管理方法中，设计出与组织发展相配套的人力资源开发方案，并提供促使员工积极进取的保障体系和动力机制。

（二）健全职工的保障、晋升和激励机制

实现人力资源的动态平衡，是组织完成自身任务的基本保证。要防止人才大量外流造成组织人才短缺状况，组织就要不断研究社会人力资源的流动规律和新的发展趋势，适应人力资源发展的要求，完善人力资源管理的机制，，将优秀人

才留住，保持组织蓬勃的生命力。

（三）建设良好的组织文化

任何组织都具有自己的文化特质，这种组织的文化特质是长期管理积淀的结果，对员工具有很强的导向与控制作用，因此，组织文化在某种程度上可以通过有效的管理得到改善与提升。良好的组织文化氛围有利于组织保持良好的工作环境，而良好的组织环境既有助于员工实现自我提升、自我发展，也有助于员工潜能的有效发挥。因此，人力资源管理必须要营造良好的组织文化，以使员工积极融入组织，共同推动组织的持续发展与创新。

（四）强化各个环节的管理

1. 选才

选才是人力资源管理部门通过各种渠道和手段，为组织吸引并挑选出合适的人才的过程。在这一环节，一方面需要建立完善的劳动力市场体系，包括外部劳动力市场和内部劳动力市场，扩展人才来源的社会基础和组织基础；另一方面，需要通过建立严格、规范、统一的人才标准，做好人力资源战略规划工作，同时通过建立并不断完善组织的识人和选人机制，保证组织既能从社会中广泛获取优秀人才，又能从组织内及时选拔优秀人员，为组织发展持续地输送新的血液和动力。

2. 育才

育才是人力资源管理的重要内容之一。随着社会经济的发展和科技的进步，一方面组织的工作方向、工作目标和工作内容在不断变化；另一方面，组织的工作方式方法、岗位职责及其对劳动者的素质和能力的要求也在不断变化，因此，人力资源管理部门需要及时适应这种变化，通过建立健全员工教育培训和人力资源开发制度、完善员工培训和人力资源开发体系，不断开发员工的潜能，调动员工的工作积极性，使其在适应社会、组织和部门发展需要的同时，通过有效的职业生涯规划和管理来实现自身价值，达成自身发展目标。

3. 用才

用才属于人力资源的配置过程，它是指将选拔出的人员配置在合适的岗位上，使之能较充分地发挥自身特长和能力。合理配置人力资源或量才、量能用人，既体现了组织对员工的真正关心和尊重，也能保证人尽其才、才尽其用。在组织管理过程中，只有用好人，员工才能切实感受到自身对于组织的价值，组织也才有可能吸引和留住优秀员工，实现组织与员工的双赢。从组织发展及其人力资源管理的角度讲，用才是人力资源管理的核心任务之一。

4. 激才

人力资源管理的一项重要内容是通过建立激励机制来激发员工对工作乃至部门和组织发展的主动性、积极性和创造性。这种激励机制涉及目标管理、员工绩效考评、薪酬制度、晋升政策和奖惩制度等。激励人才是维持组织凝聚力和战斗力、提高组织绩效、树立组织良好形象的关键，也是优秀人才脱颖而出的必要保证。

5. 留才

人才是组织兴盛和发展之本，留住优秀人才是人力资源管理的重要任务。8020 定律①指出，组织中 80% 的绩效是由组织中 20% 的员工提供的，而组织中 80% 的员工实际上仅提供了组织中 20% 的绩效。创造组织 80% 绩效的那 20% 员工是组织中核心或骨干员工，是组织得以发展壮大的根本力量。通过建立完善的制度体系来留住组织的核心员工，是人力资源管理的重要任务。通常来讲，留才的关键在于深入研究员工的需求，并尽可能地满足其需求，否则只会事倍功半。

二、人力资源管理的基本目标

第一，保证组织能够得到持续发展，以实现组织效益的最大化。对人力资源的开发、配置与管理直接关系到组织的健康运行，关系到组织的管理绩效。有效的人力资源管理实践是提高组织工作能力、提高行政效率的保障，人力资源管理应该把促进组织发展、提升组织与员工绩效当作自己的目标。从本质上说，个人绩效的提升是组织绩效提升的前提，人力资源管理的工作在于通过各种方式和途径使员工的岗位绩效得到提升，进而促进组织绩效提升，最终实现组织的战略目标。

第二，保证人力资源的需求获得最大限度的满足。提升组织绩效的关键在于对人力资源的量和质的满足，并且能够最大限度地激发这些人力资源的工作积极性，激励他们为组织努力工作。在这个过程中，组织对人力资源管理的要求包括

① 8020 定律，管理学术语，是按事情的重要程度编排行事优先次序的准则，是建立在“重要的少数与琐碎的多数”原理的基础上的。这个原理由 19 世纪末期与 20 世纪初期的意大利经济学家兼社会学家维弗利度・帕累托所提出的。

多种形式与类型：对组织需要的人力资源进行有效的规划、制定合适的人力资源战略、选配合适的人力资源、通过合适的方式留住员工、有效提高员工的积极性、对员工的素质和技能进行合理的培训、增加组织中人力资源的储存量、规划组织中关键性员工的发展等。人力资源管理必须使这些要求获得最大化满足，从而确保组织能够最大化地实现其价值。

第三，营造良好的人力资源管理环境，确保人力资源潜能得到最大限度的发挥，同时也可以促进员工的全面发展。在知识经济时代，人力资源管理的根本任务是适应组织及环境发展的基本要求，不断提高员工的知识、技能、创新能力等，促进员工的全面发展，保证员工个人自我价值的有效实现。因此，教育、培训等在人力资源开发管理中的地位越来越高。组织在培养高素质、全面发展的人的过程中，也需要营造一个发挥其潜能的环境，确保组织内能够人尽其才，最大限度地发挥自己的创造才能和技能，有效地为组织服务。

第四，最大限度地开发和管理人力资源，促进组织的持续发展。人力资源是各种组织获得持续发展的源泉。因此，组织不仅要保证内部人力资源的有效配置和使用，而且要通过人力资源管理创造一个人人都能发挥才能的有效环境，进而吸引更多的外部人才为组织所使用。

第五，满足全体员工的利益需求，提高员工的工作成就感和满意度。人力资源管理需要把满足员工的利益需求作为日常管理中的一项重要任务，努力提高员工的工作与生活质量，从而实现组织和员工共同发展的“双赢”目标。

第三节　人力资源管理的相关理论

人力资源管理作为管理学大类中的一门学科，随着管理理论的发展而发展，在工业社会漫长的历史演进中逐步形成了独有的理论体系。

一、人性假设理论

人力资源管理的对象是人，因此对人的基本看法将直接决定人力资源管理的具体方式方法，人性假设理论就是把人在社会中所具有的属性和规定性从具体的人中抽象出来，并从理论的高度加以考察、分析和研究关于人的本质的学说。把人看作“性本善”的“自我实现人”还是“性本恶”的“经济人”的观点，将对人力资源管理制度的选择产生深远的影响。人性假设理论也因此成为人力资源管理的理论基础，它是各类组织进行人力资源管理的出发点与依据。

人性假设理论中最有代表性的就是麦格雷戈提出的“X 理论—Y 理论”以及美国行为科学家施恩提出的“四种人性假设理论”。在此基础上，又发展了 20 世纪 70 年代的“超 Y 理论”、20 世纪 80 年代的“Z 理论”等学说。

（一）X 理论—Y 理论

美国管理心理学家麦格雷戈于 1957 年 11 月发表了《管理理论 X 或 Y 的抉择——企业的人性方面》一文，该文于 1960 年以著作的形式出版。麦格雷戈认为，有关人的性质和人的行为的假设对于决定管理人员的工作方式来讲是极为重要的，各种管理人员以他们对人的性质的假设为依据，用不同的方式来组织、控制和激励人们。接受某种人性假设的管理人员会趋向于用某种方式来管理员工。

1.X 理论

麦格雷戈将传统的人们对人性的假设称为 X 理论，并将这一观点的内容归纳为以下几个方面①。

第一，大多数人生性都是懒惰的，他们尽可能地逃避工作。

第二，大多数人都缺乏进取心和责任心，不愿对人和事负责，没有什么雄心壮志，不喜欢负什么责任，宁可被别人领导。

第三，大多数人都是以个人为中心的，这会导致个人目标与组织目标相互矛盾，他们为了达到组织目标必须依靠外力被严加管制。

第四，大多数人都是缺乏理智的，不能克制自己，很容易受到别人的影响。

第五，大多数人习惯保守，反对变革，安于现状，因此，必须对他们进行惩罚，迫使他们服从指挥。

第六，大多数人干的工作都是为了物质与安全的需要，人干工作是为了钱，是为了满足基本的生理需要和安全需要，他们将选择那些在经济上可以获利最大的事情去做。

第七，只有少数人能克制自己，这部分人应当担负起管理的责任。

X 理论的观点与我国古代的“性恶论”十分类似，它认为“人之初，性本恶”。在这种理论的指导下，必然会形成严格控制的管理方式，组织以金钱作为激励人们努力工作的主要手段，对消极怠工的行为采取严厉的惩罚，以权力或控制体系

---

① 汪罗．麦格雷戈：人性假设理论创始人 [J]. 当代电力文化，2014（09）：90-91.

来保护组织本身和引导员工。

2.Y 理论

基于 X 理论，麦格雷戈又提出了与之完全相反的 Y 理论，这一理论的主要观点如下。

第一，一般人并不是天生就不喜欢工作的，大多数人愿意工作，愿意为社会、为他人作贡献，工作中体力和脑力的消耗就像游戏和休息一样自然。工作可能是一种满足，因而员工会自愿去执行；它也可能是一种处罚，因而只要有可能就想逃避。究竟怎样，要视环境而定。

第二，大多数人是愿意负责的，愿意对工作、对他人负责任，外来的控制和惩罚并不是促使人们为实现组织的目标而努力的唯一方法，它甚至是对人的一种威胁和阻碍，并会放慢人成熟的脚步。人们愿意实行自我管理和自我控制来完成应当完成的任务。

第三，人具有自我指导、自我表现的愿望，人的自我实现的要求和组织要求的行为之间是不矛盾的，如果给人提供适当的机会，就能将个人目标和组织目标统一起来。

第四，一般人在适当条件下，不仅学会了接受职责，而且还学会了谋求职责。逃避责任、缺乏抱负以及强调安全感通常是经验的结果，而不是人的本性。

第五，所谓的承诺与达到目标后获得的报酬是直接相关的，它是达成目标的报酬函数。

第六，人具有独创性，每个人的思维都有其独特的合理性，在解决组织的困难时，都能发挥较高的想象力、聪明才智和创造性，但是在现代工业生活的条件下，一般人的智慧潜能只是得到了部分的发挥。

Y 理论的观点认为，管理者的重要任务不再是监督控制，而是创造一个能使人的才能得以发挥的工作环境，发挥员工的潜力，使员工在达到组织目标的同时也达到个人的目标；同时，对人的激励主要是来自工作本身的内在激励，让员工承担具有挑战性的工作，担负起更多的责任，满足其自我实现的需要。

（二）四种人性假设理论

美国行为科学家施恩在其 1965 年出版的《组织心理学》一书中把前人对人性假设的研究成果归纳为“经济人假设”理论、“社会人假设”理论和“自我实现人假设”理论，并在此基础上提出了“复杂人假设”理论，他将这四种假设排列称为“四种人性假设”理论，这可以说是到目前为止对人性假设所作的最全面的概括和研究。

1.“经济人假设”理论

“经济人假设”理论相当于麦格雷戈提出的X理论。施恩将“经济人假设”理论的观点总结为以下四个方面。

第一，人是由经济诱因来引发工作动机的，其目的在于获得最大的经济利益。

第二，经济诱因处在组织的控制之下。因此，人总是被动地在组织的操纵、激励和控制下工作。

第三，人以一种合乎理性的、精打细算的方式行事，力图用最小的投入获得满意的报酬。

第四，人的情感是非理性的，它会干预人对经济利益的合理追求，组织必须设法控制人的感情。

2.“社会人假设”理论

“社会人假设”理论是人际关系学派的倡导者梅奥等人提出的，它最初的依据就是历时长达8年的霍桑实验所得出的一些结论。按照“社会人假设”理论，管理的重点就是要营造一种和谐融洽的人际关系。施恩将“社会人假设”理论的观点总结为以下四点。

第一，人类工作的主要动机是社会需要，人们要求有一个良好的工作氛围，要求与同事建立一种良好的人际关系，在与同事的相处中能够获得基本的认同感。

第二，工业革命和工作合理化的结果使得工作变得单调而无意义，因此必须从工作的社会关系中寻求工作的意义。

第三，非正式组织有利于满足人们的社会需要，因此非正式组织的社会影响比正式组织的经济诱因对人有更大的影响力。

第四，人们对领导者的最强烈期望是能够承认并满足他们的社会需要。

3.“自我实现人假设”理论

“自我实现人假设”理论相当于麦格雷戈提出的Y理论，此外，马斯洛的“需求层次理论”中自我实现的需求和克里斯·阿吉里斯（Chris Argyris）的“不成熟—成熟”理论中个性的成熟也都属于自我实现人的假设，施恩将“自我实现人假设”理论的观点总结为以下四点。

第一，人的需求有低级和高级的区别。从低级到高级可以划分为多个层次，人的最终目的是满足自我实现的需求，进而寻求工作上的意义。

第二，人们力求在工作上有所成就，实现自主和独立，发展自己的能力和技术，以便适应环境。

第三，人们能够自我激励和自我控制，外部的激励和外部的控制会对人产生威胁以及不良的后果。

第四，个人自我实现的目标和组织的目标并不是冲突的，而是能够达成一致的，在适合的条件下，个人会自动地调整自己的目标使之与组织目标相匹配。

4.“复杂人假设”理论

施恩认为，“经济人假设”理论、“社会人假设”理论和“自我实现人假设”理论并不是绝对的，它们在不同的环境下针对不同的人分别具有一定的合理性。人们的需要是复杂的，因此不能简单地相信或使用某一种假设理论，为此他提出了“复杂人假设”理论。这一假设理论包括以下五个方面的观点。

第一，每个人都有各自的需要和不同的能力。工作的动机不但非常复杂而且变动性也很大，人们的动机被安排在各种重要的需求层次上，这种动机阶层的构造不但因人而异，而且对同一个人来说在不同的时间和地点也是不一样的。

第二，人的很多需求不是与生俱来的，而是在后天环境的影响下形成的。个人在组织中可以形成新的需求和动机，因此，一个人在组织中表现出的动机模式是他原来的动机模式与组织经验相互作用的结果。

第三，人们在不同的组织和不同的部门中可能有不同的动机模式。例如，有人在正式组织中希望得到的是物质利益的需要，而在非正式组织中希望得到的是人际关系方面的需要。

第四，一个人在组织中是否感到心满意足、是否肯为组织奉献，取决于组织的状况与个人的动机结构之间的相互关系。工作的性质、个人的工作能力和技术水平、动机的强弱以及同事之间的关系等都可能对个人的工作态度产生影响。

第五，人们依据自己的动机、能力以及工作性质，会对一定的管理方式产生不同的反应。按照“复杂人假设”理论，实际上不存在一种适合任何时代和任何人的通用的管理方式和方法，管理必须是权变的，要根据不同人的不同需要和不同情况，采取相应的管理方式。

（三）人性观理论的发展

1. 超 Y 理论

“超 Y 理论”又称“权变理论”。根据“复杂人假设”理论，美国管理心理学家约翰·J. 莫尔斯（John·J.Morse）和杰伊·W. 洛希（Jay W.Lorscn）两位学者经过实验研究，对麦格雷戈的“X 理论—Y”理论作了进一步的完善，并于 1970 年在《哈佛商业评论》上发表了《超 Y 理论》一文，提出了著名的“超 Y 理论”。“超 Y 理论”的主要观点如下。

第一，人们是抱着各种各样的愿望和需要加入组织的，人们的愿望和需要有不同的类型。有的人愿意在正规化、有严格规章制度的组织中工作；有的人却需要更多的自主权和更多的责任，需要更多发挥其创造力的机会。

第二，组织形式和管理方法要与工作性质和人们的需要相适应，不同的人对管理方式的要求是不一样的。对上述的第一种人应以 X 理论为指导对其进行管理，而第二种人则应以 Y 理论为指导对其进行管理。

第三，组织机构和管理层次的划分，员工的培训和工作的分配，工资报酬、控制程度的安排都要从工作的性质、工作的目标和员工的素质等方面考虑，不可能完全一样。

第四，当一个目标达到以后，员工可以获得胜任感和满足感，并为达到新的更高的目标而努力。

在“复杂人假设”理论基础上提出的“超 Y 理论”重视对人的需要的形成、变化的复杂性的研究，它强调在人力资源管理活动中必须根据不同情况，采用权变的观念和方式。“超 Y 理论”在理论上是比较科学和全面的，因此，它能够较为广泛地被应用于人力资源开发与管理之中。但是，“超 Y 理论”过分强调了管理的权变性与特殊性，忽视了管理的一般规律性，仍然存在一定的局限性。

2.Z 理论

Z 理论是由日裔美籍学者威廉·大内（William Ouchi）在 1981 年出版的《Z 理论》一书中，从比较管理学的角度提出的一种新的人力资源管理理论。其实，Z 理论同 X 理论、Y 理论并无直接联系，也不是新的人性假设，该理论是在比较美国和日本两种管理模式中提出的理论。在特定的背景下，运用该理论有助于形成和谐的人际关系与良好的工作环境，有利于调动人的工作积极性和提高劳动效率，对人力资源管理具有一定的借鉴意义。

Z 理论认为，组织的成功是产生高效率的工作团体的原因，组织发展的关键是创造出一种良好的组织环境。Z 理论的具体观点如下。

第一，人能相互信任。因为生存环境相同，价值目标一致，组织成员之间可以产生相互信任感。

第二，人与人之间具有亲密性。在相互信任、相互支持的基础上形成人与人之间的亲密关系，使人愿意为他人和团体服务，甚至做出某种牺牲。

第三，人与人之间具有微妙性。人们既有共同的利益与目标，也有各自的欲望与需求，每个人都是多种矛盾的统一体。因此，人与人之间既可以相互沟通，又可能因各种矛盾陷入僵局。

在 Z 理论的指导下建立起来的管理模式要注重采用下列措施。

其一，注重目标沟通。为了促进人与人，尤其是管理者与被管理者之间的相互信任，必须使组织的目标与宗旨为全体组织成员理解和接受，同时让他们齐心协力地贯彻这一宗旨。

其二，力求整体评价。管理者对人的评价多从整体考虑，从而使团体结构保持稳定化。

其三，协调人际关系。注重研究人际关系的微妙性，完善沟通渠道，提倡相互谅解，建立慎重评价与缓慢的升迁等制度。

二、人力资本理论

（一）人力资本理论的流派

1. 舒尔茨的人力资本理论

1960 年，芝加哥大学教授舒尔茨题为《人力资本投资》的演讲引发了关于人力资本理论界的巨大震撼。在这次演讲中，他明确地阐述了人力资本的概念与性质、人力资本投资的内容与途径、人力资本对经济增长的作用等重要思想和观点。这不仅大大地推动了人力资本理论的发展，也确立了舒尔茨在人力资本理论创立过程中的重要地位。由于舒尔茨对人力资本理论贡献卓越，人们称其为“人力资本理论之父”。

舒尔茨人力资本理论的主要内容有以下三个方面[①]。

第一，人的知识和技能被认定为是资本的一种形态，称为人力资本。人力资本的取得需要一定的投资。舒尔茨认为广义资本有两种形式：一种是体现在产品上的物质资本，另一种是体现在劳动者身上的人力资本。由于每个劳动者的素质、工作能力、技术水平、熟练程度各异，所以受教育和训练之后，他们的能力、智力、技术水平等提高的程度也不相同。人力资本指的是劳动者形成和完善其知识、技术、创新观念和管理方法的一种资源的总称。它最主要的特点是这种人力资本虽然属于个人，但也可以交易。人力资本的投资收益率会高于物力资本的投资收益。舒尔茨提出人力资本投资的形式有五种：正规教育、成人教育、在职培训、保健投资、劳动力迁徙投资。其中，最关键的投资是教育类的投资。

第二，人力资本对国民经济的作用相比于物质资本和劳动者数量要重要得多。舒尔茨认为，人力资源是一切资源中最主要的资源，人力资本理论是经济学中的核心问题。并非一切人力资源都是最重要的资源，只有通过一定方式的投资，掌握一定知识和技能的人力资源才是经济发展的决定性因素。人力资本存量指的是经过资本投资形成的，凝结在劳动者身上的知识、技术、能力等价值体现，它是人力资源的价值体现。舒尔茨用实例证明，在经济增长中增加对人力资源的投资要比增加物质投资更加重要。

第三，人力资本投资与物力资本投资一样具有成本。人们在作出人力资本决策时必须对现时的投资成本与未来投资收益进行比较。舒尔茨创建了人力资本投资收益的计算方法，并提出了人力资本的投资标准，即人力资本的未来收益（包括个人的预期收益和社会的预期收益）要大于它的成本，即大于对人力资本的投资。

舒尔茨的理论贡献在于：首先，他第一次明确地阐述了人力资本投资理论，使其冲破重重歧视与阻挠成为经济学的一个新的门类；其次，他指出决定人类前途的并不是空间、土地、自然资源，而是人的能力；最后，他研究了人力资本形成的方式与途径，并对教育投资的收益率和教育对经济增长的贡献做了定量的研究。

同时，舒尔茨的人力资本理论也具有一定的局限性：其一，只注重宏观分析，

---

① 胡旸．人力资本理论国内外研究发展综述 [J]. 企业改革与管理，2021（05）：108-109.

忽视了微观分析，其理论缺乏微观的支持；其二，对人力资本投资的诸项因素缺乏具体化、数量化的分析；其三，在人力资本形成的途径中，只对教育投资作了深入的分析，缺乏一个人力资本形成的一般模型。以上这些都需要在研究中进一步明确和界定。

2. 贝克尔的人力资本理论

贝克尔被认为是现代经济领域中最有创见的学者之一。他曾和舒尔茨同在芝加哥大学任教，是人力资本理论的主要推动者。贝克尔的人力资本理论研究成果集中反映在他自1960年以后发表的一系列著作中，其中最有代表性的是《生育率的经济分析》和《人力资本投资：一种理论分析》，后者被学术界认为是“经济思想中人力资本投资革命”的起点。

贝克尔在《人力资本投资：一种理论分析》一书中，分析了正规教育的成本和收益问题，并且还重点讨论了在职培训的经济意义，也研究了人力资本投资与个人收入分配的关系。贝克尔运用经济学方法，对家庭生育行为进行经济决策和成本—效用分析，提出了生育、培养孩子的直接成本和间接成本的概念，家庭时间价值和时间分配的概念。他在人力资本投资过程方面的研究成果具有开拓性的意义。

贝克尔对人力资本理论的贡献在于他注重微观分析，弥补了舒尔茨只重视宏观分析的缺陷；他注重将人力资本投资理论与收入分配结合起来。其理论的不足之处表现在：沿用舒尔茨的人力资本概念，缺乏对人力资本本质的分析，也缺乏对人力资本的全面研究。

3. 卢卡斯的经济增长模型

1988年，卢卡斯发表了著名论文《论经济发展的机制》，并提出了经济增长的模型。他把舒尔茨的人力资本理论和索洛的技术决定论的增长模型结合起来并加以发展，形成了人力资本积累增长模型。

舒尔茨和贝克尔的人力资本理论中虽然也涉及经济增长问题，但没能把人力资本和教育作为内生变量，而是作为外生变量，也就不可能建立起定量模型。罗默和卢卡斯在其模型中不仅将人力资本纳入进去，并且使其内生化，同时也克服了经济均衡增长取决于劳动力增长率这一外生变量的缺陷。卢卡斯通过将人力资本内生于增长模型之中，提出了人力资本与技术进步及经济增长之间的关系。其主要论点有以下两个方面。

第一，人力资本积累是经济增长的基础。在卢卡斯经济增长模型中，人力资本变化率代表技术进步率，它取决于现有人力资本水平和从事人力资本建设的时间。人力资本通过推动技术进步，使资本的收益率提高，从而促进了经济增长。因而，人力资本越多，技术进步越快，经济增长也越快。按照卢卡斯模型，专业化的人力资本随着生产某种商品数量的增加而增加，而其增加的速度是递减的。但是，由于专业化的人力资本增长是在已有的人力资本水平上进行的，某种商品生产的技能可以成为另一种商品生产的基础，从而提高了这种产品生产所需人力资本的形成速度。因此，人力资本的积累从总体上看是递增的，这就使人力资本的边际产出在总体上呈现出递增性，克服了劳动和物质资本的边际产出递减的限制，使经济得以持续增长。因此，人力资本积累是经济持续增长的基础。

第二，教育是人力资本形成的最佳途径。根据卢卡斯模型，人力资本的形成有两条途径：一是通过学校教育。他假定每个生产者除生产外都必须花费一定的时间从事人力资本建设，强调脱离生产活动的学校教育对人力资本形成的作用。这样获得的人力资本能够产生人力资本的“内部效应”。二是在实践中学习。他认为这样形成的人力资本，即专业化的人力资本，具有“外部效应”，可以使组织受益。

卢卡斯把人力资本分为社会一般人力资本和专业化人力资本。社会一般人力资本通过学校教育获得，专业化人力资本通过在实践中学习获得。但是，他又认为，专业化人力资本形成的规模和速度直接取决于社会一般人力资本已达到的水平。在现有人力资本总体水平较低的情况下，通过实践中学习获得的专业化人力资本的水平也不会很高，而且如果单纯依靠“实践中学习”的方式，专业化人力资本及人力资本总体水平只能以十分缓慢的速度提高，难以适应经济快速发展的需要。因此，只有学校教育才可以形成人力资本生产的规模效应，并突破专业的限制，更有效地提高一般知识水平。不仅如此，如果将实践中学习的理念贯穿于学校教育中，就可以通过学校教育形成专业化的人力资本。

（二）人力资本理论的意义

人力资本理论对人力资源管理的意义在于，使人在物质生产中的决定性作用得到了回归，是开启人力资源管理的一把钥匙。在理论上，它从经济学的角度为人力资源管理提供了依据，深化了人力资源管理的内涵，将人力资源管理提升到人力资本经营的高度。“对人力资源进行开发性投资可以带来财富的增值”已成为人力资源管理的基本共识。因此，人力资本理论是人力资源管理重要的理论基础。

人力资本理论的意义主要体现在以下四个方面。

第一，人力资本理论促使许多国家把人力资源开发纳入国家经济发展规划或计划中，特别是引发了对发展中国家的经济发展战略的新思考。人力资本理论政策促使政府重视教育的公共投资支出，促使政府在控制人口数量、提高人口质量的同时，把公众的社会保障和医疗保健纳入人力资本投资的发展战略中。人力资本理论有力地促进了研究与开发（R&D）的投入和科学技术的发展。

第二，人力资本理论还为政府和社会的反贫困行动提供了新的决策参考，为政府制定个人收入调节政策、知识扶贫和智力扶贫提供了经济学依据。这是因为人力资本理论揭示了个人教育水平、知识技术、能力与个人收入之间的紧密的联系。

第三，人力资本理论使人们认识到物力资本与人力资本的高度互补性以及人力资本积累的重要性，从而使人们在制定经济决策时充分考虑知识、技术、人才的作用，把人力资本作为必要条件，全面合理地配置经济资源。人力资本理论使社会和组织认识到加强人力资本投资、开发人力资源、合理配置人力资源是提高经济效益和经济增长率的战略举措。

第四，随着知识经济的到来，人才竞争是决胜的关键。人力资本投资是提高组织竞争力的有效途径。人力资本理论为政府、社会组织、家庭和个人的人力资本投资形式、途径和时间选择的决策提供了理论支持。

第四节　人力资源管理的战略规划

一、人力资源战略规划的内涵阐释

战略就是思考未来的工具，制定战略的过程可使人们了解内部和外部变化，公开新的设想，抛弃不切实际的老设想。当人们思考这些问题时，多会采取新的行动，以完成本组织的目标，或避免面临窘境。这样，组织的各阶层便能采取合理而又重要的步骤，朝着共同的目标前进。

人力资源战略规划是指根据对内外部环境的分析，确定组织未来的发展方向和目标，同时从人力资源管理的角度出发，对组织战略以及为实现组织发展目标所需的能力进行分析和比较，并制定出与之相适应的人力资源战略规划，以实现组织战略目标。制订人力资源战略规划是指根据组织在一定时期内的战略目标，科学预测组织在未来环境变化中对人力资源的需求状况，制定出满足该需求的实施步骤、相应政策、经费预算等，确保组织对人力资源在数量、质量和结构上的需求得到满足的管理活动过程。

人力资源管理早已被看作组织的一个战略实施工具投入战略制定过程中，并且负责通过制定和调整人力资源管理规划来帮助完成战略的贯彻和实施工作。组织的人力资源管理政策和实践应用与组织的战略、技术和经营环境相结合，即组织战略导向型的人力资源管理——不同的战略应采取不同的人力资源管理，不同的战略发展阶段应采取不同的人力资源管理，同时还要考虑组织的战略环境和文化。

人力资源战略规划的任务体现在以下四个方面：第一，组织使命。它是对组织存在的理由进行描述。其伴随着组织的愿景。第二，组织目标。它是组织在中长期所希望取得的成就，表明使命是如何被付诸实施的。第三，外部分析。它是与人联系在一起的，组织不仅仅为顾客而竞争，而且为获取高素质员工而竞争。这就要求人力资源部门密切关注外部环境中的潜在员工短缺情况、竞争对手工资、影响员工聘用的法律与政策等。第四，内部分析。如果不考虑自己员工的优势与劣势，就可能导致没有能力去实现人力资源战略。人力资源战略的各项具体实施活动是一个相互关联、互为因果的有机系统，必须与组织员工状况相吻合。它是组织战略选择和技术选择的一个限制条件，受到组织战略、技术和经营环境的制约。

人力资源战略可以帮助组织根据市场环境变化与人力资源管理自身的发展，找到适合本组织特点的人力资源管理方法。如根据市场变化确定人力资源的长远供需计划；根据员工期望，建立与组织实际相适应的激励措施；用更科学、更先进、更合理的方法降低人力成本；根据科学技术的发展趋势，有针对性地对员工进行培训与开发，提升员工的适应能力，以适应未来科学技术发展的要求等。一个适合组织自身发展的人力资源战略可以提高组织人力资源的管理水平，提高人力资源质量，也可以指导组织的人才建设和人力资源配置，从而使人才效益最大化。因此，人力资源战略是实现组织战略目标，获得组织最大绩效的关键。研究和分析人力资源战略，有利于提升组织自身的竞争力，这是实现人力资本储存和扩张的有效途径。人力资源战略在组织实施过程中必须服从组织战略，组织战略形成的过程中也必须积极考虑人力资源因素，两者只有达到相互一致、相互匹配，才能促进组织的可持续发展。

组织总体战略规划需要相应的人力资源规划作保证，这样才能确保组织的战略计划的其他任务的落实以及为未来组织的总体规划做好人力资源的储备工作。组织总体战略是制订人力资源规划的基础，人力资源规划是人力资源管理的重要内容之一。组织发展战略及目标与人力资源规划紧密相连，人力资源规划是组织通向未来的桥梁，也是人力资源各项职能的联系纽带。组织战略对实施战略的人员提出了数量上和质量上的要求，而对外部环境的研究和组织内部状况的分析则可以得出可利用的外部资源，两者结合起来最终影响组织的人力资源规划。人力资源规划是对人力资源的需求和这种需求得以满足的可能性进行分析和确定的过程。人力资源规划的目的是保证拥有实现组织的各种目标所需要的人才。因此，组织总体上的竞争战略是制订人力资源规划的目标和基础。

二、人力资源战略规划的类型划分

人力资源战略规划包括组织的人力资源结构规划、薪酬规划、绩效管理规划、员工职业发展规划等。人力资源战略规划要具体明确，如在员工福利方面，对带薪年假、员工进修深造、工程人员和司机等岗位员工意外伤害保险等都要有明确的规定。人力资源战略规划要通过对组织内外环境和信息的充分分析，根据实际需求选择合适的决策方案，这些信息包括法律、社会、本行业科技发展水平、竞争对手情况、劳动力市场状况、内部人员配置、组织文化及员工期望等。人力资源战略规划至少要有两个备选方案，否则这个决策就是错误的。人力资源战略规划要依据组织的战略目标、组织的经营环境和组织的内部条件进行可行性分析，列出决策方案的优劣，追求最有可能的优化效应。

按照人力资源战略在组织发展中的时效划分，可将其分为累积型人力资源战略、效用型人力资源战略、协助型人力资源战略三种类型。累积型人力资源战略是指组织以长期的观点来考核、衡量人力资源管理工作，因此，内部员工的培养和人才的挖掘较受重视，组织通过严格的筛选从内部获取适任的人才。累积型人力资源战略以终身雇佣为原则，同时以公平原则对待员工，但是员工晋升速度较慢，薪酬也是依据员工工作层次和工作年限确定的。效用型人力资源战略是指以短期为单位来考核、衡量人力资源的管理工作，因此，提供的员工培训机会较少，组织职位一有空缺就会随时被填补，非终身雇佣制，员工晋升速度快，采用以个人为基础的薪酬支付方式。协助型人力资源战略介于累积型人力资源战略和效用型人力资源战略之间。它是指个人不仅需要具备技术能力，同时在同事之间要有良好的互动协作关系。至于培训，员工个人负有学习责任，组织只是提供协助而已。

按照组织在人力资源战略管理中的作用，可将人力资源战略划分为投资型人力资源战略、吸引型人力资源战略、参与型人力资源战略三种类型。投资型人力资源战略是指组织通常聘用不同类型的员工，以提高组织的弹性和使用多样的专业技能，同时组织通常与员工建立长期的工作关系，并注重对其的培训及提高。员工工作保障较高，组织通常视员工为投资对象。吸引型人力资源战略是指组织以控制工资成本，把员工人数降至最低限度为目标。由于工作的高度分化，员工的招聘和录用都较为简单，培训费用也较低，组织与员工之间是直接和简单的利益交换关系。参与型人力资源战略是指组织将很多决策权力放到基层，使大多数员工能参与决策，从而提高员工的参与性、主动性和创新性，增强员工的责任感和归属感。

按照组织变革程度以及管理方式，可将人力资源战略划分为家长式人力资源战略、开发式人力资源战略、任务式人力资源战略、转型式人力资源战略四种类型。家长式人力资源战略的特点主要表现在集中控制人事的管理，强调次序和一致性，有硬性的内部任免规定，重视操作与监督。人力资源管理的基础是奖惩与协议，注重规范的组织结构与方法。开发式人力资源战略的特点主要表现在注重开发个人和团队，尽量从内部招聘，有大规模的发展和培训计划，运用内在激励多于运用外在激励，优先考虑组织的总体发展，强调组织的整体文化，重视组织的绩效管理。任务式人力资源战略的特点主要表现在非常注重业绩和绩效管理，强调人力资源规划、工作再设计和工作常规检查，注重物质奖励；同时进行组织内外部招聘，开展正规的技能培训，有正规处理劳动关系和问题的程序，重视战略事业部的组织文化。转型式人力资源战略的核心特征，体现在面对重大变革时，能够全面调整组织结构，具体包括优化员工队伍构成，缩减成本开支，从外部引进核心人才，对管理层进行团队培训，并塑造全新的理念与文化。该类型的战略致力于打破传统束缚，摒弃旧有的组织文化，建立一套适应经营环境的人力资源系统与机制。

以上人力资源管理的各种类型一般通过三条途径为组织提供战略性竞争优势，即预定战略、应变战略和构造学习型组织。预定战略就是将组织的主要目标、政策以及行动的时间顺序整合为一个存在紧密联系的整体方案或计划。大多数组织管理都属于此战略，它以预定目标为目的而积极地、理性地进行决策。人力资源管理重点放在战略形成过程中为高层管理者提供一些与人有关的经营问题上。在战略执行过程中，则通过建立人力资源管理制度来帮助实施战略规划。应变战略就是一些从组织基层演变发展而来的战略，是在一系列的决策或行动流中形成的模式。因为很多新思想、新产品、新战略是中低层提出来的，所以该战略的人力资源管理重点应放在内部沟通上。构造学习型组织就是通过对组织环境的监测、信息的收集、决策的进行、为了竞争而进行的弹性结构重组等方式，使组织处于一种经常性学习的状态之中。

三、人力资源战略规划的基本流程

人力资源规划的主要内容是预测组织未来人力资源需求量、拥有量及两者的匹配情况。组织人力资源需求量与组织活动密切相关，在考虑环境因素影响后，主要通过生产计划来预测人力资源需求量，人力资源拥有量与现有人员分布有关，受组织人事政策影响，加上环境影响，它们共同决定组织内部人力资源拥有量的演变状况。人力资源规划的过程是预测人才需求量和拥有量的过程，也是研究制定弥补二者差额的各种制度的过程。

完整的人力资源规划包括提升规划、招聘补充规划、开发与培训规划及分配规划等内容。人力资源规划的步骤如下：首先，要根据组织发展的目标确定人力资源规划的目标，根据具体目标广泛收集内部及外部信息。内部信息主要包括组织发展规划、人员流动趋势、人力资源成本的发展情况等。外部信息主要包括宏观经济发展趋势、本行业的发展前景、主要竞争对手的动向、技术发展的趋势、劳动力市场的趋势、人口及社会发展趋势等。其次，预测人力资源拥有量及供给量，根据组织政策使供需匹配，以满足组织对人力资源的需求。最后，制订出具体的适合组织发展的人力资源计划，经组织高层专家评估后转入实施阶段。人力资源规划是一个动态过程，需要人员经常总结经验、收集反馈信息并及时修正规划实施过程中出现的问题，为制订下一步人力资源规划打下良好基础。

收集信息需要对外在人力资源供需进行调查分析，包括劳动力市场的结构、市场供给与需求的现状、教育培训政策与教育工作、劳动力择业心理等整个外在劳动力市场的有关因素。对内在人力资源供需与利用情况的调查分析通常是人力资源规划中最重要的部分。这一部分一般包括现有员工的一般情况(如年龄、性别等)、知识与经验、能力与潜力、兴趣与爱好、目标与需求、绩效与成果，人力资源流动情况，人力资源结构与现行的人力资源政策等。这一部分信息是人力资源规划的基础，许多组织的人力资源开发与管理部门往往将它纳入一个系统化的人力资源信息系统中，以便随时更新修正，并供各项业务计划使用。此外，特别需要注意对组织内人力资源流动的调查分析，因为人力资源流动将直接影响到人力资源的供需现状与预测结果。人力资源流动分为组织内流动与组织内外流动。组织内人力资源流动主要是指组织内员工的晋升、降职、调离等职位变更，而组织内外流动有两个方面，即流出组织(离职)与流入组织(外部招聘)。流出组织(离职)是指员工辞职、退休、病故、工伤、辞退等，流入组织(外部招聘)则是指从外部劳动力市场吸收人力资源。由于员工离职具有较大的不确定性，离职信息难以准确把握，这给人力资源供需预测带来了不确定性。

第二章　人力资源配置与培养探究

人力资源的配置与培养是组织持续发展的关键。本章将聚焦于这一领域，探讨如何科学地进行职位与人员的分类管理，以及如何通过有效的招聘、甄选、录用、培训与开发提升员工的能力。

第一节　职位与人员分类管理

职位与人员分类管理指在工作分析的基础上，将组织中的人员或职位按工作性质、繁简程度、责任轻重和所需资格条件等因素进行分类设定等级，并以此作为组织内人力资源管理的一个重要依据和基础。

一、职位与人员分类管理的原则

在研究和实施人力资源分类方案时，既要考虑当前的发展趋势和国际经验，又要防止不切实际地照搬照抄；既要遵循分类的原理，保持分类的固有特征，又要从我国的国情出发，继承和发扬我国传统人事管理制度的优秀经验，建立起适合我国国情、具有新时代中国特色的职位与人员分类制度。

我国职位与人员分类管理应遵循以下原则。

第一，系统原则。任何一个完善的组织都是一个相对独立的社会系统，因此在进行职位与人员分类时应从系统的角度出发，从整体上分析其在组织系统中所发挥的作用。

第二，渐进原则。职位与人员分类管理必须在标准、制度统一的前提下，统筹规划，循序渐进，逐步完善。

第三，规范化、标准化和法治化原则。职位与人员分类应该在国家相关法律法规框架内进行统一和标准化的管理。

二、职位分类管理

职位分类又称“职务分类”或“职位分级”，指在工作分析的基础上，将适合职位分类的人员职位按工作性质、责任轻重、难易程度和所需资格条件分成若干不同的类别和等级，从而对组织职位进行分类管理，即以工作类型和所要求的职责水平为基础，将所有相似的职位集中于同一模式或类别之内。

（一）职位的基本内涵

职位分类是以职位为核心的分类制度，因此要了解职位分类，必须了解职位的含义。职位是组织结构中的基本元素，是组织结构中的联结点和支撑点。职位与职权、职责相联系，职位的设置与联结方式是一个组织中职权与职责分配方式的体现。在组织的实际运行中，职位及其所包含的职责、职权与整个组织的结构和运行相对应。组织结构的调整会引起职责与职权乃至职位的调整；反之，职位所包含的职责与职权的变更也有可能引起整个组织结构的变化，二者间的互动通过管理这一中介得以实现。

（二）职位分类的特征

第一，职位分类是以事为中心的分类体系。职位分类首先重视职位的工作性质、责任大小、繁简难易程度；其次才是人所具备的资格条件，特点是事在人先。

第二，分类方式先横后纵，即先进行横向的职系、职组、职门区分，然后再依工作的难易、繁简和责任大小提取纵向等级。

第三，注重人员的专业知识和技能，注重“专才”。人员的任职调动、交流和晋升一般在同一职系或同一职组范围内进行，跨职系、跨行业的流动和升迁极少。

第四，实行严格的功绩制。在职位分类制度中，功绩是人员升迁和薪酬增加的唯一标准。如一般职务类人员薪酬增加有两种方式：一是随着工作年限增长自动提升等级，表现突出奖励提升一级；二是职务提升，并且规定一个人每年只能提一级，要求必须有几个人同时竞争才能最终选出一人提升。

第二节　人力资源招聘、甄选与录用

一、人力资源招聘概述

一个完整的招聘过程是由招募、甄选、录用和评估等一系列活动所组成的，人力资源招聘过程也不例外。人力资源招聘是指组织为了发展的需要，根据人力资源规划和工作分析的数量和质量要求，吸收所需要的人力资源到适当的工作岗位的过程。

（一）人力资源招聘的目标

招聘目标是及时满足组织发展需要，填补职位空缺，其最直接的目的是获取组织所需要的人。而有效的招聘则应满足以下六大基本目标。

第一，恰当的时间（right time），即完成招聘工作的时间要及时，以便及时补充单位所需的人员。及时性是招聘活动的最基本要求。

第二，恰当的范围（right area），即要在恰当的空间范围内开展招聘活动。恰当的空间就是能够吸引足够数量的合格人员前来应聘的范围。

第三，恰当的来源（right source），即通过适当的渠道搜寻目标人员，由于不同的职位对人员有着不同的要求，这就要求招聘要具有针对性，选择那些与空缺职位匹配度较高的人员。

第四，恰当的信息（right information），即在招聘之前要全面而准确地对空缺职位的职责内容、任职资格要求以及组织的相关情况作出描述，以便应聘者能够充分了解有关信息，从而对自己的应聘活动作出判断。

第五，恰当的成本（right cost），即在确保招聘质量的前提下，尽可能选择那些花费最少的方法，以最低的成本完成招聘工作。

第六，恰当的人选（right people），即吸引最合适的人员参加招聘活动，包含数量和质量两方面。

（二）人力资源招聘的程序

整个人力资源招聘工作具体由招募、甄选、录用和评估四个部分构成，每一环节紧密相连，环环相扣，缺一不可。它们共同构成了一个全面而连续的系统化人力资源获取过程，具体如下。

1. 制订招聘计划

招聘计划是人力资源管理部门根据用人部门所反映的职位空缺情况，以工作说明书为依据，在对招聘需求进行分析的基础上，制定并经由上级主管部门审批的一系列用以满足岗位需求的工作安排。科学合理的招聘计划必须充分考虑内外部环境，以内外部环境分析为基础。

（1）外部环境分析。作为社会系统中的一个组成部分，组织中的人员需求与供给状况受其所在的外部环境，如劳动力市场的供需状况、经济环境、法律环境和区域环境等的影响与制约。因此，在制定招聘计划时，必须将这些外部环境因素也纳入考虑范围。

（2）内部环境分析。人力资源招募与选录工作只有在内部环境分析的基础上，才能确定公共职位空缺的数量、结构、任职资格条件、具体的招募途径以及甄选方法等。内部环境分析是制订招募计划过程中一项十分重要的基础性工作，主要内容包括人力资源规划和工作分析。

人力资源规划是指组织通过科学的人力资源需求预测和供给预测识别组织内职位的空缺情况，并从各种实现员工补充方法的有效性和经济性等角度来选择满足人力资源需求的解决方法或途径，是制订人力资源招募计划的前提和依据。当出现职位空缺时，组织必须首先从发展的角度考察该项职位空缺是短期的还是长期的，然后进一步决定如何来满足该项职位的需求。如果该职位是短期性空缺，组织可以通过加班、招聘非全日制员工或临时工，甚至是业务外包和租用的方式来满足这种短期性或临时性职位空缺的需求。如果该职位是长期性空缺，组织则可先通过工作重新设计来解决；在其不能有效地满足职位需求时，组织就有必要根据组织或部门提出的职位空缺情况制订人力资源招募计划，进一步决定从内部还是外部进行招募。

工作分析对于科学制订人力资源招募计划具有重要作用，是指全面获取组织内工作流程、工作构成、工作关系等工作资料的过程。通过工作分析，一方面，组织可以了解和获取空缺职位的工作性质、组织地位、工作职责、工作环境等方面的信息，从而有助于科学评价人员定额，最终科学决定招聘数量；另一方面，工作分析为每个职位确立一个最低的资格条件。工作规范书作为工作分析的成果，可以明确体现该空缺职位的求职者的任职资格条件，为人员招募与录用提供了知识、专业技能、工作经验、个性特点等方面的基本标准，也为进一步设计具体的甄选方法提供了基础。

（3）招募计划的内容。招募计划是把对职位空缺的陈述变成一系列目标，并把这些目标和相关求职者的数量和结构具体化。通常包括以下内容：招募和选录人员的数量和结构（包括招募和录用人员的数量、专业结构、部门结构、年龄结构等）；招募和选录的对象、范围和地点；针对不同职位的甄选程序与方法；招聘规模（准备通过招聘活动吸引的应聘者数量）；招募与选录工作的经费预算（包括工资支出、广告费、差旅费、电话费、通信费等）。

2. 确定人员招募与选录的策略

人员招募与选录的策略是招募计划的具体体现，是为实现招募计划而采取的具体手段，主要包括招募人员的选择，招募对象地点、范围和时间的选择，招募渠道的选择等。

（1）招募人员的选择。选择合适的招募人员对提高人力资源活动的效益十分重要。由于人力资源招募和选录过程涉及面试、心理测评、无领导小组和评价中心等各种测评技术的综合应用，因此，招募人员的个人品行以及对各种甄选与测评技术的掌握和应用能力直接关系到选录人才的质量。需要注意的是，尽管招募和选录工作的主要承担者是组织的人力资源管理部门的专业人员，但组织的上层领导在征召管理人员和专业技术人员时应充当主要角色。

（2）招募对象地点、范围和时间的选择。空缺职位的特点、潜在求职者寻找工作的行为、组织的位置以及劳动力市场状况等因素都会影响招聘地点的选择。组织通常根据不同的职位要求和求职者可能的供给状况和范围来选择相应的招聘地点。一般而言，公职人员职位倾向于在全国范围内进行招考；专业技术职位通常在跨地区的人才市场上进行招募；操作人员和办事员往往在组织所在的劳动力市场上进行招募。招募时间一般要比有关职位空缺可能出现的时间早，实际提早多长时间视具体情况而定。

（3）招募渠道的选择。招募求职者的渠道主要有组织内部和外部两种。组织内部又包括内部提升、职位轮换和公开招募；外部来源则具有多种形式，包括校园招募、广告招募、职业介绍机构、自荐、熟人推荐和计算机网络招募等。在实际操作中，应根据空缺职位的性质和组织内外人力资源供求的不同情况，来选择采用哪一种途径或方式招募人员。

3. 发布人员招募与选录信息

在制订了详细的招募计划和招募与选录策略之后，招募人员需要设计招募信息并选择合适的信息发布渠道。人力资源招募信息应明确空缺职位的工作性质、职位所要求的个人品质、知识水平、专业技能、工作经验等，并鼓励和吸引符合要求的求职者主动申请到组织中来。招募信息的发布渠道既包括广告、电台、电视、网络等外部新闻媒体，也包括组织内部工作布告、小册子等由组织提供的其他含有招募内容的材料。

一般来讲，组织在发布人员甄选与录用信息时应遵循以下三项原则。

一是涉及面广原则。组织的招募信息通过广泛的形式向全社会告知，信息发布的面要尽可能广泛。涉及面广是人力资源招募与选录公开原则在信息发布环节的具体体现。随着互联网技术在我国的广泛普及，许多组织纷纷设立网站，尽可能拓宽信息发布的面。

二是及时性原则。在条件许可的情况下，人员招募与选录信息应尽量早地向社会发布，不仅有利于潜在的求职者为职位申请进行必要的准备，而且还有利于使更多潜在的符合职位需求的人选获知信息，增加求职者人数。

三是层次性原则。人员的招募与选录需要根据其招聘需求，有层次地展开。不同省市、不同地区的组织根据空缺职位的性质和人力资源市场的供需状况发布招募信息。这些信息通常具有特定的地域性。

4. 人员招募与选录流程

（1）收集报名登记表进行资格审查。对公职人员而言，其资格审查是对核查报名申请材料和有关证件是否符合有关规定的报考条件的一种审查。该过程主要是根据空缺岗位的各项标准来迅速排除不符合组织要求的求职者，初步识别和筛选出一定数量的合格的求职者。

（2）笔试。笔试是国家行政机关招考公职人员的主要方式，分为公共科目和专业科目两种。

（3）面试和素质测评。面试实质上是一个双向选择的过程，是指通过面对面交谈的形式对求职者素质进行测试的一种方式。面试主要测评求职者是否具备适应职位要求的基本素质和实际工作能力。面试必须贯彻公开、平等、竞争、择优原则。

（4）对笔试、面试合格者进行报考资格审查、体检和全面考查。就公职人员录用而言，招录机关应当按照规定的程序和标准，从符合考试成绩要求的报考者中确定考察人选，对其进行报考资格复审和进一步的考查，并对考察人选进行体检。

（5）提出拟录用人员名单并进行公示。在笔试、面试、考查和体检结束以后，组织需要根据考试成绩、考查情况和体检结果，按照事前制订的录用计划，提出拟录用人员的名单，予以公示。公示期满后，没有人提出意见或者反映情况，或者提出的意见不成立以及反映的情况不属实的，则分别拟录备案。

5. 人员招募与选录评估

人员招募与选录过程的进一步完善和优化离不开对招募与选录的评估，人员招募与选录的评估主要包括数量评估、质量评估和成本评估。

（1）招募与选录数量评估。录用人员评估是根据甄选与录用计划对录用人员的数量进行评价的过程。具体的衡量指标计算公式如下。

录用比：录用比＝录用人员 ÷ 应聘人数 ×100%

录用比值越小，组织意味着录用者的素质可能越高；反之，录用者的素质则可能越低。

招聘完成比：招聘完成比＝录用人数 ÷ 计划招聘人数 ×100%

一般来讲，招聘完成比等于或大于 100%, 则说明在数量上全面或超额完成了招聘计划。

应聘比：应聘比＝应聘人数 ÷ 计划招聘人数 ×100%

通常，应聘比越大，说明在规定时期内，应聘人数越多，发布招聘信息的效果越好，同时说明录用人员的素质较高。

（2）质量评估。录用人员的质量是衡量人员招募与选录工作的重要指标，是根据招募与录用比对录用人员的质量进行评价的过程，通常可用以下指标来反映录用人员的质量。录用人员的学历可用来反映录用人员的知识水平，即对相关知识的掌握程度。录用人员从事某项工作的时间长度用来反映录用人员的工作经验，从事某岗位的时间越长，说明其相关的工作经验越丰富。录用人员所担任的职位可用来反映录用人员的重要程度，职位越高，说明其重要程度也越高。

（3）成本评估。招聘成本评估是指对人员招聘与选录中的费用进行调查、核实，并对照预算进行评价的过程。组织招聘成本是评价招聘效率的一个重要指标。如果成本低，录用人员的人数多，就意味着招聘效率高。

组织招聘成本＝总经费 / 录用人数

二、人力资源甄选

人力资源甄选是指为了从某一职位的所有候选人中挑选最合适的人选，而采用一系列科学的手段与方法，通过各种信息渠道对候选人进行审查和选拔的过程。甄选是员工招聘中最关键的一步，也是技术性最强的一步，其目的是将不符合职位要求的求职者排除掉，甄选出最符合组织要求的人员。职位说明书是甄选的基础，也就是说，应以职位说明书中所要求的知识、技术和能力来判断候选人的资格。

人力资源的甄选包括了资格审查、初试、面试、测试、体检、个人资料审核、职位安排等一系列环节。其中资格审查和初试是甄选的前期工作，面试处于中期阶段，体检及个人资料的审核属于甄选的后期工作。在我国当前人才的选拔机制中，笔试与面试是考查过程中的重中之重。同时，组织还可以结合心理测试法、行为模拟测试法、工作抽样法以及评价中心等方法对人员加以甄选。

（一）笔试

笔试是最基本的人员甄选方法。它是应征者在试卷上笔答事先拟好的试题，然后组织依据解答的正确程度或成绩，对求职者的基本知识、专业知识、管理知识以及综合分析能力、文字表达能力进行测评的方法。

笔试具有试卷内容涵盖面广、容量大等特点，可以同时对大量的应聘者使用，测评效率高，成绩评定比较客观，考试材料可存档备查，可体现其公平原则。

例如，公务人员笔试分为公共科目和专业科目两种，公共科目由国务院人事部门统一确定，专业科目由国务院人事部门和省级人事部门按照行政权限分别确定或批准。其中，公共科目包括马克思主义哲学基本原理、社会主义市场经济、法律、行政管理、公文写作与处理（含写作基础知识）等学科的基础知识和行政职业能力测试。

但是，笔试不能全面地考查应试者的工作态度、品德修养以及组织管理能力、口头表达能力和操作技能，因此笔试法往往需与其他方法相配合，不适合单独使用。

（二）面试

面试是指在进行录用选拔时，面试者与应聘者直接见面，通过对话、提问等形式，以语言为媒介，对应试者的个性特征、能力状况以及求职动机等方面进行了解的测试方法，是被广泛采用的甄选方法。通过面试观察，主考官可得到很多关于应试者的信息，包括面部表情、形体语言、仪表风度、求职动机和工作期望、工作经验、工作态度、语言表达能力、综合分析能力、自控力、反应力、人际交往倾向、活力、兴趣爱好等。

面试有很多种类型，根据不同的划分标准，可以得出不同的分类结果。

个别面试：一个面试人员与一个应聘者面对面地交谈，这种方式有利于双方建立亲密的关系，有利于双方做深入了解。但面试结果易受到面试人员主观因素的影响。

小组面试：由两三个人组成面试小组，对各个应聘者分别进行面试。这种方式有利于提高面试结果的准确性，克服个人偏见。

集体面试：由面试小组对若干应聘者同时进行面试。这种方式有利于提高面试效率，对应聘者进行对比，从中找出最优异者。但它对面试官的要求比较高，主考官在面试前要对每个应聘者有大致了解。

初步面试：用来增进用人部门和应聘人员的相互了解，一般比较简单、随意。这一工作是由人力资源部负责招聘的人员负责，不合适或是对该部门、该职位不感兴趣人员将被筛选掉。

诊断面试：对经过初步面试合格的应聘者，进行实际能力和潜力素质测试。它有利于组织补充深层次的信息，如应聘者的应变能力、思维能力等。由用人部门负责，人力资源部门参与，比较正规，对于录用决策以及应聘者的加入决策至关重要。

结构化面试：面试人按照预先准备好的问题进行面试。这种面试方式的优点在于对所有的应聘者都按照同一标准进行，便于比较分析，减少了主观性，对考官的要求较少。缺点在于过于僵化，难以随机应变，收集的信息范围也十分有限。结构化面试是我国面试的主要方式。

半结构化面试：根据面试中的具体情况随机进行提问。优点在于非常灵活，便于随机应变，可能有利于多种资料的收集。缺点在于主观性大，不利于比较，对面试官的要求高。

非结构化面试：侧重于即席提问，对应聘者有更大的针对性。但缺乏统一标准，易带来偏差，而且不少用人单位的面试考官并未受过正规训练，任意提问往往达不到面试应有的效果。关键要把握三条：第一，让应聘者多讲话；第二，要设计、准备好出乎意料的问题；第三，要根据应聘者的反应和思路，而不是话语的内容作出判断和结论。

压力面试：在面试一开始时就给应聘者以意想不到的一击，通过观察应聘者的反应，可以了解应聘者承受压力、情绪调整以及随机应变、解决问题的能力。对于用人单位而言，压力面试可用于招聘高层负责人员等。

行为描述：面试官往往要求应聘者对其过去的工作经历以及他对特定行为所采取的行为模式进行描述。这种面试的特点是十分强调人过去的成就，并假定人的行为模式具有连贯性，然后将应聘者的行为模式和空缺职位所期望的行为模式进行比较分析，从而为招聘决策提供依据。

能力面试：主考官要通过寻找STAR（situation、task、action、result），即情形、任务、行动和结果，试图找到过去成就中所反映的优势。它关注的是人们如何去实现所追求的目标。其大致过程是：先确定应聘者有没有与空缺职位相类似的工作经历，如果有的话，再接下去确定他们所承担的任务，进而询问如果出现问题，他们所采取的行动，以及行动的结果是什么。

（三）心理测试

心理测试是指通过一系列科学方法测试个体的智力水平和个性差异的一种测试。心理测试具有可信度高、客观性强等优点，在甄选过程中主要是职业能力倾向性测试和个性测试两种，因为这两种测试的结果对预测未来的工作绩效有较大帮助。

1. 职业能力倾向性测试

职业能力倾向性测试是用来测定从事某项工作所具备的某种潜在能力的一种心理测试，分为普通能力测试、特殊职业能力测试和心理运动能力测试。

普通能力测试主要是测试应聘者的思维能力、想象力、推理能力、分析能力、数学能力、空间想象能力及语言能力等，一般通过词汇、相似、相反、算术计算、推理等类型的问题进行评价。在这种测试中得高分者，被认为具有较强的能力，善于找出问题症结，能取得优良的工作业绩。需注意的是，某种特定的测试也许只对某类特定的工作有效。

特殊职业能力测试用于对特定能力或才能的测试，如空间感、动手能力、协调性等，另外还包括一些专业的基础知识，常用的方法有斯特龙伯格灵敏度测验（Stromberg dexterity test）、明尼苏达操作速度测验（Minnesota rate of manipulation test）、普渡插棒板测验（Purdue peg bard）等。

心理运动能力测试，反应速度测试就属于这一类。

2. 个性测试

个性测试是用来了解应聘者的个性特点的一种测试。一个人的工作能否做好，不仅取决于能力的高低，其个性品质也会对其工作绩效有很大影响，因此，将个性测试纳入甄选过程意义重大。个性测试主要包括影射法、个性品质问卷调查法和兴趣存盘法等。

影射法是先让应聘者看一些不明的刺激物，如图片、墨迹等，然后要求他们诠释其意义或观察他们的反应。由于这些刺激物的模糊性，应聘者对其的诠释或反应实际上就是他们内心状态的一种影射。比较常用的有罗夏墨迹测试、主题统觉测试（TAT）、句子完成式量表、笔迹测试等。

个性品质问卷调查法是通过应聘者对个性品质调查表中的问题进行回答，依据得分统计来判断应聘者个性品质倾向的一种个性测试方法。典型的调查表有明尼苏达多项个性调查表、爱德华个人偏爱顺序表、卡特尔16种人格因素测验等。

兴趣存盘法是指将应聘者的兴趣和各种人士的兴趣作比较，从而判断应聘者适合的工作。

总之，个性品质测试的根本目的是通过对应聘者个性品质的考察，判断应聘者工作动机、工作态度、情绪的稳定性、气质、性格等素质是否与空缺职位的要求相近或相同，若是，就是合适的人选。

（四）行为模拟测试法

行为模拟测试法亦称情景模拟法，是指通过在一种情景下应聘者所表现出的与职位要求相关的行为方式，来判断应聘者是否适合空缺职位的一种测试方法。该方法比较适合于评价具有某种与职位相关的潜能，但又没有机会表现的应聘者。通常所采用的行为模拟方式有以下几种。

（1）分析模拟。分析模拟是给应聘者提供有关某种情况的资料，要求其进行分析并提出合理的行动程序，以此观察应聘者筛选数据、分析问题、进行决策的能力，并进行评价。

（2）面谈模拟。面谈模拟是由应聘者扮演一个角色，评价员扮演与之相对的角色，双方进行与工作相关的某种情景下的模拟行为和对话，以此来评价应聘者的组织能力、领导能力、灵活性、口头表达能力、控制能力及压力下的工作能力等。

并非所有的甄选都需要采取行为模拟测试法，它一般是作为面试法的补缺，另外还要取决于甄选的时间及预算的许可度。

总之，招募中的甄选方法有很多，至于选择何种方法，要依组织的具体情况而定。这些具体情况包括组织的目标、招募的规模和时间、预算的许可度等影响因素。但有一个问题是所有甄选方法都需注意的，那就是测试的信度、效度和合法性。信度是指测试的稳定性和一致性，即一种甄选方法所得结果的前后一致程度，主要有重测信度、复本信度和分半信度。效度又称为有效性或正确性，是指测试的结果与工作相关的程度，也就是测试的结果能否预测出任职后的工作绩效。没有效度和信度的测试是不能在招募甄选中采用的。另外，所有测试不应涉及应聘者的隐私问题，以避免不必要的法律纠纷。

三、人力资源录用

人力资源录用是指对甄选通过的候选人作出录用决策，通知被录用者，并对其进行初始安置、试用到正式录用的过程。

录用阶段主要涉及对甄选合格的求职者进行录用公示、录用决策与报批、通知被录用者、初始安置、试用与正式录用等过程。

（一）录用公示

组织根据考试成绩、考查情况和体检结果，提出拟录用人员名单，并予以公示。

（二）录用决策与报批

录用决策是依据客观事实，避免主观武断和不正之风的干扰，把选择阶段多种考核和测试结果组合起来，进行综合评价，从中择优确定录用名单。录用决策是员工录用中最关键的环节。有些组织在确定拟录用名单后，需进行报批工作。属国务院各单位的，报国家人事部门审批备案；属地方各单位的，报市（地）级以上人事部门审批备案。

（三）通知被录用者

通知被录用者可以通过电话或信函等方式，联系时要讲清楚组织向被录用者提供的职位、工作职责和月薪等，并讲清楚报到时间、报到地点以及报到时应注意的事项等。

（四）初始安置

组织对新录用的员工要进行初始安置，即给其安排工作，明确其工作职责和权限。同时，按照相关法律法规的要求，办理录用手续，签订劳动合同。此后，组织还应该开展新员工培训，让他们了解组织的历史、现状、未来发展方向，他们所在部门的情况，组织的规章制度、工作职责、工作流程、组织文化，并让他们熟悉同事等。

（五）试用与正式录用

对于决定录用的人员，在签订录用合同以后，可设定一定的试用期，如果试用合格，试用期满便按劳动合同规定办理正式录用手续（即“转正”），使他们享有正式员工的权利、履行正式员工的责任。

第三节　人力资源培训与开发的新思考

一、人力资源培训与开发概述

（一）人力资源培训与开发的内涵

人力资源培训与开发主要针对员工的知识、技能、能力和态度四个方面的内容进行，是让员工按照组织自身发展及员工发展的实际需要，通过有计划的培训、教育和开发活动，持续地更新知识与技能并改进工作态度与动机，提高工作效率，促进组织的发展和员工的成长的一项管理活动，其最终目的是提高员工的绩效、知识、技能，从而实现组织和员工双赢的基本目标。

在现实中，一般不对培训与开发进行严格区分，而是统称为培训与开发活动，很多时候只是将其分为不同的阶段，即培训阶段和开发阶段。具体来说，人力资源培训是指组织根据发展的需要对员工进行的有计划、有组织的培养、教育和训练活动。接受培训不仅是员工享受的基本权利，也是员工必须履行的义务。人员开发指通过国家、地区、企事业单位、家庭、个人组织的正规国民教育、在职学历教育、职业技能培训及人员的使用和启智等活动，达到开发人员潜能、培养各类人才、提高人员素质的目的。两者的差别在于，人力资源培训更多地着眼于短期收益，主观上更多地考虑组织目标的实现情况；人员开发则更多地着眼于长期收益，追求组织目标和个人目标的共同实现，两者是互补的关系。

人力资源培训与开发是人力资源管理的重要职能，它能够提升员工与工作相关的知识、技能、心理素质及价值观，进而提升组织的整体绩效和综合竞争力。人力资源培训作为员工素质能力提高的重要手段，对人力资源的开发和管理活动有着不同寻常的意义，在组织建设和发展中扮演着越来越重要的角色。

（二）人力资源培训的类型

人力资源培训属于在职教育，培训形式具有较大的弹性，多种多样。根据不同的需要和目标，组织可选择适宜的人力资源培训类型。

1. 初任培训

对新录用人员进行理论和实践教育培训。它是人员被录用后试用期内的必经环节。初任培训一般采取两种方式：第一，工作实习。在有经验的员工指导下了解组织管理的基本性质和程序，熟悉工作环境，明确任职所必需的素质。第二，集中进行理论、业务培训。培训期间，要求员工了解国家的大政方针和法律、法规，认识自身的使命和责任，树立努力工作的理想、抱负和信念；学习从事公共管理工作应有的知识技能，提高业务水平，培养优良的工作作风。培训考核合格者才能被正式任用。

2. 在职培训

它的对象是已经在组织服务若干年的员工。这类培训是根据社会经济环境的变化及组织某些职能的转变对员工的知识结构进行更新，以完善人员的知识技能结构，提高管理绩效。培训方式以离职学习为主。

3. 晋升培训

晋升培训是对高层次的人员和拟晋升到更高职位的员工进行的培训。此类培训有明确的针对性，根据职务所要求的理论、政策水平、组织能力和业务素质，给予员工政治、业务、技能等方面的教育，使其能够胜任更高一级的领导工作。

4. 专门业务培训

这是员工在从事某项专门性的业务工作或临时性业务工作时接受的培训，目标是掌握专业工作要求的特殊知识、技能和注意事项等。

二、培训需求分析

开展培训活动的第一步就是确定需不需要进行培训，需要进行什么样的培训，这个过程需要通过人力资源培训需求分析来完成。广义地讲，人力资源培训需求分析指组织在开展培训活动之前，从长远发展目标或近期目标出发，应用各种方法和技术，对组织及其成员的现有素质水平、知识和技能结构等进行鉴别与分析。员工培训需求分析的第一步是培训需求的确认。

（一）培训需求的确认

初任培训需求的确认比较简明，对于一批刚刚上任的工作者来说，为了明确自身任务和掌握所需技能，培训是一个必经的程序。而在岗人力资源培训需求的确认则比较复杂。管理者要决定是否进行人力资源培训，如何进行人力资源培训。在决定进行培训之前，首先应回答以下几个问题。

（1）什么是组织的目标？

（2）什么是达成这些目标的工作？

（3）什么行为对于工作责任者来说是必需的？

（4）什么是工作责任者缺乏的？是技术、知识还是态度？

一般来说，培训需求的确定应从以下几点来论证。

1. 员工行为或工作绩效差异是否存在

行为或工作绩效差异是指实际行为或工作绩效与计划的行为或工作绩效之间的差异。组织可以通过生产、成本、安全记录、缺席率、能力测验、个人态度调查、员工意见箱、员工申诉案件、工作绩效评估等指标了解组织现有员工的行为、态度及工作绩效与组织目标之间的差异。如有差异，则说明有培训的必要。

2. 绩效差异的重要性

只有绩效和行为差异对组织有负面影响时，这一绩效和行为才值得重视。绩效层面的重要性自然要根据组织的目标和发展方向而定。当绩效差异影响组织目标的实现与组织的未来发展时，就必须分析差异的原因和根源：是欠缺适当的知识技能、因为环境上的限制或制约、缺乏适当的诱因或动机，还是员工的身心健康状况不佳，这主要由组织的领导者来分析并确认是否有进行培训的必要。

3. 培训员工是不是最佳的途径

如果绩效和行为差异是由个人能力不足、员工态度与信念与组织不合、主管不积极参与员工培训导致，那么针对特定员工或主管的培训便可能是最好的方法。因为培训不仅能提升员工的技术和工作能力，也能改变员工的工作态度和观念。

4. 培训是不是最经济的解决办法

虽然培训可能是解决组织绩效问题的适当方法，可能在改变员工行为方面也是有效的，但是除非培训成本低于问题本身成本或低于其他可供选择方案的成本，否则培训就不具备有效性。

（二）培训需求分析的内容

从内容上看，员工培训需求分析主要从以下四个层面进行。

1. 任职者层面的培训需求分析

在这个层面，需求分析的主要任务是了解组织内员工每个个体现有的知识、能力素质状况，找出与应有状况之间的差距。在此基础上确定谁需要和应该接受培训及应该接受什么种类和方式的培训。管理者分析的重点是评价员工实际工作绩效及工作能力。具体包括以下几个方面。

（1）管理者对员工工作绩效的考量。首先必须确定组织期望的员工工作绩效是什么，继而确定员工目前的工作绩效与组织预期是否有差异。

例 1：组织期望员工每天都能准时出勤，但是某员工总在规定上班时间之后的 5 分钟才到岗。

例 2：某位员工呈交的报告质量总是不能达到要求，主管常常不能从报告中了解所需的信息。

（2）员工的自我评价。自我评价是以员工的工作清单为基础，由员工对每一单元的工作成就、相关知识和相关技能真实地进行自我评价。一般而言，员工个人都有比较强烈的接受培训的欲望，他们知晓培训与自我发展间的关系，因此会认真地进行自我测评。但员工的自我评价可能会因以自我为导向或过度倚重自我需要，而忽视组织或社会的需求。

（3）员工态度评价。员工工作绩效分析的核心是要区分不能做和不想做的问题，因此，其态度对于解决问题十分关键。员工的工作态度不仅影响知识技能的学习和发挥，还影响与同事间的人际关系，影响与服务对象的关系，最终影响工作表现。运用定向测验或态度量表有助于了解员工的工作态度。

2. 工作状况层面的培训需求分析

此层面的分析有助于确定培训的内容，即员工达到理想的工作绩效所必须掌握的技能和能力。包括系统地收集反映工作特性的数据，并以这些数据为依据制定每个岗位的工作标准；同时还要明确员工有效的工作行为所需要的知识、技能和其他特性。工作分析、绩效评价、质量控制和服务反馈都为这一层面的培训需求分析提供重要依据。工作状况层面的分析内容有以下两点。

（1）职位工作职责，包括各项工作任务及其难易程度等。

（2）职位任职资格，即履行工作职责应具备什么样的素质条件，需要掌握哪些相关的知识和技能。

3. 组织层面的培训需求分析

该层面培训需求分析的基本任务是通过对组织总体目标、资源和环境等因素的判断，发现组织在培训工作中存在的问题，明确组织应有的员工素质结构状况与现有的实际素质状况之间的差距,并说明培训是否是解决现有缺陷的最佳方法。进行组织层面培训需求分析的具体环节如下。

（1）组织在一定时期内的发展目标与方向。组织目标决定培训目标和培训内容。通过确定目标，组织培训需求分析力图掌握以下重要信息：为实现既定的组织目标，现有员工的总体素质结构是否存在差距，换句话说，通过培训是否能够弥补差距（必要性分析）；如果对上述问题的回答是肯定的，那么组织需要什么类型的培训来解决问题？培训的规模、进度和费用情况如何（现实性分析）；在各种可选择的解决问题、弥补差距的方案中，培训方法是否最有效、最经济（充分性分析）。

（2）组织可提供给培训活动的资源分析。确定组织可利用的培训资源是培训工作目标确立的现实基础。资源分析包括组织可用于培训工作的经费、时间和人力等。①经费。组织所能提供的经费将影响培训的范围和深度。②时间。对组织而言，时间就是金钱，培训需要花费相当的时间，如果时间紧迫或安排不当，极有可能造成不理想的培训结果。③人力。对组织人力状况的了解非常重要，它也是决定培训与否的关键因素。组织的人力状况包括：员工的数量、员工的年龄、员工对工作与组织的态度、员工的技能水平和知识水平、员工的工作绩效等。

（3）组织特质与环境分析。组织特质与环境对培训的成功有重要影响，体现了组织环境的重要性。因为当培训规划和组织的价值不一致时，培训的效果很难保证。组织特质与环境分析主要了解组织的系统结构、文化、资讯传播等情况。主要包括如下内容：①系统结构特质，指组织的输入、运作、输出、次级系统互动及与外界环境的交流特质，使管理者能够系统地面对组织，避免组织分析中出现以偏概全的问题。②文化特质，指组织的软硬件设施、规章、制度、组织经营运作的方式、组织员工待人处世的特殊风格，使管理者能够深入了解组织，而非仅仅停留在表面。③资讯传播特质，指组织部门和成员收集、分析和传递信息的分工与运作，使管理者了解组织信息传递和沟通的特性。

4.战略层次的培训需求分析

以往，由于组织的变革速度缓慢和变革程度较低，人们比较重视个人和组织层面的培训需求分析，将它们作为设计、组织培训规划的依据。组织的需求分析一般也定位于过去和现在的状况，对未来情况的分析投入精力较少。但是，随着社会变迁的加剧，组织变革的状况和以前大不相同，组织在外部压力下常常面临突变的可能。于是就必然面临这样的问题，即当组织在未来发展中发生巨大变化时，培训工作应该怎么做。要回答这个问题，就要把培训需求分析引入战略发展层面。培训需求的战略分析主要包括以下几个方面。

（1）组织优先权的改变。引起组织优先权改变的因素主要有：①新技术的引进；②财政上的约束；③组织内机构的撤销、分割或合并；④各种临时性、突发性任务的出现。以上因素的变化，要求培训部门在进行培训需求分析时不能仅考虑现在的需要或仅在过去状况的基础上提供服务，它必须是前瞻性的。

（2）人事预测。由于组织的大部分预算花在人事部门，因此人事预测很重要。人事预测主要包括需求预测和供给预测。需求预测主要考察组织所需要的人员数量及这些人员必须掌握的技能。供给预测不但要考察能参加工作的人员数量，而且要考察这些人员所具有的技能状况，以便为人员的雇佣、培训与再培训提供依据。

（3）员工对组织态度的调查。在培训需求的战略分析中，收集全体员工对其工作、补偿金、救济金、同事等的态度和满意程度信息，能够帮助分析出组织内最需要培训的领域，找出和确认那些阻碍改革和反对培训的领域。一般来说，了解员工对组织的态度及满意程度应立足于利益领域。例如，根据员工对组织的满意程度可以了解他们对组织的不同态度与看法。

三、人力资源培训效果评估

随着市场经济的确立和不断完善，竞争也愈演愈烈，人力资源培训作为组织管理的重要内容，其培训效果的好坏对组织的发展有着直接的影响，而反映人力资源培训工作是否成功的主要依据就是对培训效果的评估。[①]

（一）培训效果评估概述

人力资源培训活动作为一种有目的的指导性活动，在耗费大量人力、物力和财力后必定期望获得相应的回报和效用，而培训效果评估实质上就是对培训效果的实际效用进行系统考察。

一般认为，培训效果评估是对受训者所获得的知识、技能运用到实际工作中的效果进行的评价；人力资源培训效果评估通过对培训规划、培训方案的实施、培训成果等各个环节的检查和审定，及时反馈信息，进而发现培训中的问题，改进培训方案，提高培训的绩效。培训效果评估的目的是了解培训项目是否达到培训前制定的目标和要求，确认培训人员有无收获，以此对将来的培训工作进行改进和指导。

（二）人力资源培训效果评估模型

1. 培训效果评估的标准

人力资源培训效果评估的标准通常是组织对评估目的的认定。比较直观的标准是通过培训节约的利润与培训所花费的时间和金钱之比来反映培训效果。评估标准的选择需要依据评估对象和评估方法而定，制定标准的最终目的在于服务评估目的。

2. 培训效果评估的内容

培训效果评估的内容往往以培训效果评估模型为基础。培训效果评估模型主要有定量评估模型、柯氏四层次评估模型及其修正模型、CIPP 评估模型、CIRO 评估模型等。其中，定量评估模型是对成本效益的分析。

① 陈丽云 . 人力资源培训管理中的培训效果评估分析 [J]. 商，2015（13）：46.

（1）柯氏四层次评估模型及其修正模型。柯氏四层次评估模型由美国学者柯克帕特里克提出，他按照评估深度和难度递进的顺序将培训效果分为四个递进的层次：反应层、学习层、行为层和结果层。

柯氏四层次评估模型的第一层级是反应层评估，主要征询受训者对培训的反应和总体感受，是对培训表面效果的测评。反应层评估的内容包括培训内容、培训师、培训方法、培训形式等；第二层级是学习层评估，该层评估是通过各种卷面考试或技能测试直接、考查受训者对基本原理、技术和实战技能的掌握程度；第三层级是行为层评估，该层评估主要考察受训者对培训所学知识和技能的运用程度，即受训者经过培训后在岗位上将所学转化为实际工作行为的改进程度；第四层级是结果层评估，衡量受训者通过培训创造的各类效益、实际成果和贡献，并确定这些成果是不是培训带来的。

一些学者对柯氏四层次评估模型进行了进一步的修正和扩展，菲利普斯认为，应在四层次评估中加入第五层，即财务评估层（Return on Investment，ROI），因而提出五层次 ROI 模型。财务评估层计算投资回报率，即计算培训产生的经济效益与培训所花费成本的比率。此外，考夫曼还对柯氏四层次评估模型中的一级评估的定义进行了扩展，增加了可能性评估，即对完成培训所需人力、物力、财力等资源的有效性和可用性进行评估，并增加了第五级评估来讨论社会问题。

（2）CIPP 评估模型。CIPP 由情景（Context）、输入（Input）、过程（Process）和成果（Product）的首字母组成，代表该模型中最基本的四种评估。

CIPP 评估模型的情景评估，即对环境进行描述和分析，鉴别需求和机会，包括政策、环境、需求背景等。输入评估，即对实现目标所需要的各类资源进行评估，包括设备、经费、人力资源等。过程评估，即对可能存在的问题、潜在的失败因素进行评估，以指导实施过程。成果评估，即对培训结果进行测量和解释，对预定目标和非预定目标进行衡量和比较，判断有无差距，为以后的培训提供参考。

（3）CIRO 评估模型。CIRO 评估模型与 CIPP 评估模型相似，也有四个评估过程，包括情景（Context）、输入（Input）、反应（Reaction）和输出（Output）。

CIRO 评估模型的情景评估和输入评估与 CIPP 模型评估的内容基本类似。在第三层评估中，CIRO 评估模型的反应评估是收集培训过程中及培训后受训者的看法、评价等反馈信息，以此来解决培训中可能存在的问题。输出评估也是收集培训的结果，将结果与评价目标进行比较，评估培训完成的情况。

总的来说，目前应用最多的是柯氏四层次评估模型，其他模型大多是在其基础上建立起来的。也有学者将培训效果评估划分为培训总体评估、受训者反应评估、受训者知识、技能学习成果评估、工作表现评估、组织绩效评估等几个方面。

第三章　人力资源激励与职业发展

激励与职业发展是人力资源管理的重要环节。本章将探讨如何设计有效的绩效管理与激励机制，以及如何进行薪酬体系的管理。同时，本章还将关注员工的职业生涯规划与管理，以实现员工个人价值与组织目标的双赢。

第一节　人力资源绩效管理与激励

一、绩效管理的流程

绩效管理是一个完整的系统，管理的各个阶段不仅密切联系，而且周而复始地不断循环，形成一个持续的过程，这个循环分为五步：绩效计划、绩效辅导、绩效考评、绩效反馈、绩效改进。

（一）绩效计划

确定目标计划，建立绩效标准是绩效管理过程的起点。制订绩效目标计划的主要依据是企业战略目标的实现，并结合员工所在职位的工作职责来确定。绩效计划是一个双向沟通的过程，管理者和员工需要在对员工绩效的目标问题上达成共识。在共识的基础上，员工对自己的工作目标做出承诺。管理者和员工共同的投入和参与是进行绩效管理的基础。

（二）绩效辅导

绩效辅导是管理者和员工共同完成绩效计划、目标的过程，在这一阶段，管理者就员工绩效目标、内容进行阶段性的指导与检查、审查工作进度，对发现的问题及时予以解决，为达到绩效目标所需要改善的方面提供帮助、支持。辅导员工达成工作目标，并根据需要对计划目标进行滚动调整。在该阶段持续不断的沟通是必不可少的重要手段。

管理者和员工需要遵循以下沟通原则：①真诚的沟通；②及时的沟通；③具体的沟通；④定期的沟通；⑤建设性的沟通。

（三）绩效考评

绩效考评是指在绩效期结束的时候，根据预先制订好的计划，管理者对员工的绩效目标完成情况进行评估。绩效考评的依据就是在绩效期开始时双方达成一致意见的关键绩效指标，同时在绩效辅导过程中，所收集到的能够说明被评估者绩效表现的数据和事实。这些信息可以作为判断员工是否达到关键绩效指标要求的事实依据，同时也是薪酬分配、职务晋升、培训开发的重要依据。

（四）绩效反馈

完成绩效考评后，管理者还需要与员工进行面对面的交谈。通过面谈，反馈管理者在考评过程中有关员工绩效的信息，使员工了解管理者对自己的期望，了解自己的绩效情况，认识到自己有待改进、提高的方面；同时员工也可以提出自己在完成绩效目标中遇到的困难，请求管理者的指导与帮助。

（五）绩效改进

通常在绩效反馈面谈时，员工与管理者双方在考评结果和需要改进的地方达成共识后，选择一个待改进的项目率先开始进行绩效改进。绩效改进是提升企业组织及员工绩效的重要环节。

由以上五个环节组成了一个绩效管理的循环。在这个循环中所得到的绩效评估的结果具有多种用途。首先，绩效评估的结果可用于员工工作绩效和工作技能的提高，通过发现员工在完成工作过程中遇到的困难和工作技能上的差距，制订有针对性的员工发展计划和培训计划。其次，绩效评估结果可以较公平地显示出员工对企业所作贡献的大小，以确定对员工的奖励和薪酬的调整。最后，通过员工的绩效状况，也可以发现员工对现有的职位的适应程度，根据员工绩效高于或低于绩效标准的程度，决定相应的人事变动，使员工能够从事更适合自己的工作。

二、人力资源的激励

（一）激励的作用

人员激励的作用表现为以下方面。

第一，激发工作热情和发掘潜能。激励是激发员工工作热情、发掘员工潜能的重要措施。人具有潜在能力到现实能力的发挥空间，运行方向为：潜在能力→中间环节→能力发挥，其中的中间环节又称“中间项”，包括人的因素和物的因素等诸方面内容。这些中间环节和因素包含激励机制。当这些中间环节中渗透着有效的激励，并能有效运行时，员工的潜能可能得到较好的发挥，员工的工作绩效也可能达到最佳。反之，员工的工作潜力可能被淹没，工作热情也会被压抑。

第二，推动良好组织文化的形成。在组织系统中，对员工的尊重、对他们价值的承认以及对他们需求的适度满足，均为激励机制的体现，它有助于增强员工的自信心，使他们产生满足感，并增强对组织系统的认同。在这种组织氛围中，人们相互信任和尊重，组织系统中充满积极鼓励的气息，形成一种良好的组织文化，从而推动组织任务和组织目标更好地实现。

第三，具有心理鞭策作用。激励对员工的行为动机和工作行为具有强化功能。当员工取得较好的成绩时，组织系统通过奖励措施予以肯定，达到巩固和发展此种行为的目的。此时，奖励措施发挥着正强化功能。反之，当员工的工作行为不佳，甚至在工作中违反组织规章时，组织系统会采取相应的惩罚措施，以抑制和消除此种行为。这种惩罚措施发挥着负强化的功能。此类激励措施具有心理鞭策和辐射作用，它有助于调整人们的行为动机，抑恶扬善，使组织系统朝着正确的方向发展。

第四，激励是一种杠杆，有助于提高员工的素质。激励包括物质激励和精神激励、内激励和外激励、情感激励和工作激励等多种形式，有助于引导员工不断提升自身素养和工作能力，朝着更加符合组织目标的方向发展。

（二）激励的原则

人员激励的原则体现为以下方面。

一是公正原则。公正是实现有效激励的基本原则，没有公正，激励非但不能收到应有的效果，还会造成负面影响。因此在建立与贯彻激励机制的过程中，要有配套确保公正的措施，包括员工的参与机构、参与程序和相应监督机构的设置、有效监控机制的建立，以保证激励功能的正常发挥。

二是组织目标与个人目标相结合的原则。在建立激励机制的过程中，激励目标的设置是一个重要环节。首先，激励目标要与组织目标相一致，要有利于组织目标的实现。同时，激励目标的设置还应符合员工个人的需要，在一定程度上与员工个人的目标相吻合，正是由于激励目标能够在一定程度上满足员工个人的要求，才能较好地调动员工的积极性。其次，从社会意义上看，人的价值本身具有双重性，既具有社会价值，也具有自我价值。社会价值是自我价值的外在表现，自我表现价值则是社会价值的基础，两者相辅相成。组织系统只有尊重员工的自我价值，并在可能的情况下帮助他们实现自我价值，员工才能够较多地认同组织系统的价值和目标，也才能够更好地调动他们的积极性。当组织系统的激励机制有助于同时实现这两种目标时，组织目标能够最大限度地实现。

三是物质激励与精神激励相结合的原则。作为社会人，每个人都存在物质需要和精神需要，因此通过满足人们的需求去激发人们行为动机的激励机制，应该将物质激励与精神激励结合起来。只有既不搞那种空泛的、只讲奉献、没有相应物质奖励的单纯精神奖励，也不搞拜金主义，诱导员工一味地追求物质回报，而是将两者有机地结合起来，避免偏颇，才能使激励机制真正做到适度有效。

四是外激励与内激励相结合的原则。外激励和内激励是根据赫茨伯格的双因素理论加以区分的，外激励是指满足员工安全与社交等需求的激励因素，包括工资、奖金、福利和人际关系等因素；内激励则是指满足员工自尊和自我实现需要的激励因素，如赋予员工具有挑战性的工作，使员工从工作中得到满足，感受到自我价值的实现。内激励所激发的工作行为动力比外激励深刻持久，因此，管理者要善于采用不同的激励手段，以内激励为主，使两者相结合。

五是正激励与负激励相结合的原则。正激励是指对员工符合组织目标的行为，尤其是为实现组织目标作出较大贡献的行为所给予的奖励；负激励则是对违背组织目标的行为给予的惩罚。在一个组织系统中，两种激励形式都是必要的，只有在管理中将两种管理手段有机地结合起来使用，以正激励为主，以负激励为辅，才有可能保证组织系统的正常运行，更好地实现组织目标。

第二节　人力资源薪酬体系设计与管理

一、薪酬设计的依据

理想的薪酬设计应该达到如下三个目的：第一个目的是提供具有市场竞争力的薪资，来吸引有才能的应征者；第二个目的是确保组织内部的公平性，也就是做到同工同酬；第三个目的是奖励工作表现优良的员工，利用薪酬奖赏来激励员工的积极工作行为。因此，组织在设计薪资方案时，往往为了满足多元化目标，必须在设计理念上同时兼顾多项基本要素，包括职务、绩效、技能等要素。

（一）以职务要素为设计依据

以职务要素为薪酬设计依据是组织基于内部公平性考虑，由工作的性质、难易程度、责任大小来决定其相对价值，作为薪资设计的基准。

在实际操作中，以职务为基准的薪酬设计是建立在工作评价的基础上的。通过工作评价，就工作的责任大小、繁简难易、所需技能、作业环境等因素，进行比较，确定其相对价值，评定适当等级，用以决定不同职务岗位的薪酬标准。传统上，根据职务的相对价值给予公平的薪资，是薪资管理的重要目标之一，也是组织建立公平薪酬制度所运用的科学管理方法之一。

但必须注意的是，以职务为薪酬给付的基础有一定的局限性。首先，以职务为基础的薪酬给付方式，只是将薪酬与工作内容或职责相连，没有考虑影响薪酬的外部因素、个人因素以及职员的额外努力等。其次，以职务为基础的薪酬给付方式，必须以随时更新的工作说明及工作评价为配套措施，易耗费大量的时间与成本，且工作评价的公平性会随着评价方法而产生变化。因此，对那些处于组织环境快速变化、组织扁平化团队运作与强调质量因素等创新性的组织来说，以职务为基础的薪酬给付方式就不太适用。虽然以职务要素为薪酬设计依据有上述的缺陷，但它仍是维持薪酬公平的方法之一，尤其是在事业单位中，其工作涉及公共利益，因此，职务的责任在薪酬设计中仍然应该占有重要地位。

（二）以绩效要素为设计依据

以绩效要素为薪酬设计依据，是指薪资的给付应根据员工对组织的实质贡献而定。只有展现出绩效，薪酬制度才是联结员工目标与组织目标的重要一环。以绩效为基础的薪酬给付方式虽然可能会增加组织的成本负担，但所带来的利益却可能远大于成本。设计薪资时，强化绩效，可以使薪酬分配更加公平合理，可以使薪酬具有更大的灵活性，提高激励效果，从而鼓励员工不断增进绩效，发挥潜能，作出更大的贡献。

当然，以绩效为基础的薪酬给付方式仍有一些缺点，如组织可能会因为预算限制，出现薪酬兑现无法及时落实的情况；绩效导向处理不当，会使团队工作形成不必要的竞争。另外，绩效评估客观性、公正性缺乏等缺点，都会给组织的发展带来负面效应。一般来说，当员工的工作产出具有可确认性，且与工作执行的结果有合理的相依关系存在时，则该岗位适用以绩效为基础的薪酬给付方式。

（三）以技能要素为设计依据

以技能要素为薪酬设计依据，是指薪酬设计时，必须考虑到员工所具备的技能条件，综合考虑员工身上所承载的组织发展所需的知识、能力和经验的多少，以及相对重要性等因素，给予员工不同的薪资。以技能为基础的薪酬给付方式在过去几年间已愈来愈受管理人的重视。它对于增进组织内员工的知识技能，增进组织用人的弹性与激发较高质量的生产水平，具有积极意义。

但是就公平性及对组织的贡献度而言，以技能为基础的薪酬给付方式则存有商榷的空间。因为如果单纯以技能数量的多寡来决定薪资，而不考虑该技能是否能应用于该工作者实际工作的执行中，这将对组织发展产生负面的影响。另外，员工在接受教育训练及管理发展上机会不均等,也会对员工的心理产生不良影响，形成不公平。因此，在推行以技能为基础的薪酬给付方式时，必须有效解决好上述问题。

由此可见，上述三种薪酬设计的模式都各有其适用的条件，实际操作中应权衡利弊，以发挥薪酬激励的最大效用。

二、薪酬管理的原则

薪酬管理是指一个组织针对所有员工所提供的服务，来确定他们应当得到的薪酬总额以及薪酬结构、薪酬形式的过程。在这一过程中，组织必须就薪酬形式、薪酬构成、薪酬水平、特殊员工群体的薪酬等作出决策，并在执行过程中，就薪酬管理问题与员工进行沟通，对薪酬系统进行完善。在实际运作中，对薪酬进行有效管理，必须遵循如下几项基本原则。

（一）按劳分配原则

按劳分配是指在社会主义制度下，社会成员按照提供给社会的劳动质量和数量领取报酬，社会按照劳动者劳动的数量和质量分配个人消费品，多劳多得、少劳少得。组织作为社会分工体系中不可缺少的一个重要组成部分，也应贯彻按劳分配原则。

组织所建立的薪酬制度要充分体现组织的特点，在确定组织从业人员薪酬时，应以其职务层次、工作职责和贡献为基本依据，并适当考虑年功累积贡献、教育程度和地区环境等因素。同时要强化考核制度，把薪酬分配与组织从业人员的工作情况和实际贡献结合起来，使薪酬的高低真正反映劳动支出的多少。

（二）平衡比较原则

在确定从业人员薪酬时，应参考同一地区其他企业员工的薪酬水平，力求使从业人员的薪酬水平与当地其他企业员工薪酬水平大体平衡。比较的对象为其他企业中职务、学历、资历相当，具备类似任职条件的人员。

在市场经济条件下，市场对资源配置包括人才资源的配置起着基础性的作用。各类人才按照市场经济规律，在机关、事业单位。企业之间相互流动，在人才市场上平等竞争。为此，不能再简单地依赖行政调配手段，而必须自觉地按市场经济规律办事，通过贯彻薪酬的平衡比较原则，合理确定薪酬水平，使之与其他企业员工的薪酬水平大体持平，从而吸引优秀人才。

（三）物价补偿原则

物价补偿原则是指国家根据物价指数的变动，适时调整从业人员的薪酬，使薪酬增长率高于或等于物价上涨率，以确保从业人员的实际工资水平，不会因物价上涨而降低。从各国的实施情况看，虽然具体做法不完全相同，有的国家将从业人员的薪酬与物价直接挂钩，有的则不直接挂钩，但在对从业人员的薪酬因物价的上涨而进行补偿这一点上是共通的。

物价上涨时，企业可以依据经营状况及劳资谈判结果调整员工的工资，但事业单位从业人员的薪酬须经过法定程序才能调整，故必须实行物价补偿制度，以确保从业人员的实际薪酬水平跟上物价的涨幅。

三、薪酬设计与管理的影响因素

组织薪酬的设计与运行成功与否，通常会受到许多因素的影响。因此，在设计薪酬制度前，必须将影响薪酬制度的内在、外在因素一一进行分析与评估，以了解这些因素对组织的薪资成本、组织对员工的要求、劳动力市场供应以及薪资标准的影响程度。

（一）组织的外部因素

第一，国家的法律法规与政策。国家的许多法规政策会影响薪酬标准的制定，例如，许多国家以法律的形式规定了最低工资水平、员工的所得税缴纳的比例；女职工的特殊保护；员工的退休、养老、医疗保险等。组织的薪酬制度和薪酬结构设计必须严格按照国家法律法规与政策的相关规定执行。尤其是人员的工资和福利待遇实际上是由国家和地方政府统一规定好的，具体部门一般无权更改。

第二，经济发展水平。经济发展水平是一个地区薪酬水平的重要决定因素。对一个国家而言，经济发展水平低，劳动者的薪酬水平必然低，发展中国家和发达国家之间薪酬水平的差距，主要是因为经济发展水平不同导致的。经济发展水平是一个地方财政能力的重要标志，再合理、再具吸引力的薪酬体系都离不开当地经济发展水平及其财政支付能力的支持。

第三，生活费用。由于薪酬与劳动者的生活息息相关，因此，劳动者的生活费用就成为制定工资率的基本参考依据之一。而决定生活费用的关键因素是物价，所以，在制定薪酬制度时，就必须将薪酬与当地的物价指数联系起来，当地的物价指数上涨时，为了能维持劳动者生活上的安定，支付给他们的薪酬也要相应地增加。

第四，社会文化环境因素。特定地区的社会文化环境对薪酬结构、薪酬形式也有重要的影响。

（二）组织的内部因素

第一，组织的经济实力。组织的经济实力常常是决定其劳动者薪资高低的因素之一。组织必须根据自己的经济状况，量力而行地制定劳动者的薪酬，做到既控制成本，又能吸引和激励员工。也就是说，既要避免因刚性的薪酬支出导致财务风险，又要避免薪酬支出的剧烈波动导致优秀人员流失。

第二，组织内人力资源的配置。组织内人力资源的规模和结构与组织薪酬水平之间是一种相互影响的关系。人力资源的规模越大，提高人力资源的薪酬水平所遇到的困难就越大。此外，人力资源的结构也会影响薪酬水平，职级较高、专业技术较强的人员数量越多，单位的薪酬水平也就越高。

第三，岗位与职位的权责。岗位不同，薪酬也不一样。重要的岗位、级别较高的职位，薪酬也就越高。这是因为职位高的人负有较重的责任，要求更强的能力和更为丰富的经验。此外，较高的薪酬也是建立职务尊严的一种方式。

第四，技术能力水平。为了补偿学习技术所耗费的时间、体能和智慧，对于技术高的人应该给予较高的薪酬。较高的薪酬也可以鼓励员工去学习更多的技能。

第五，工作的时间性与危害性。短期性的工作（如临时工），其薪酬通常会高于长期性的工作，这是因为短期性的工作比较没有保障，且受雇期间无法享有与长期工作者相同的福利、年终奖金、特别休假等。夜间工作者的薪资也会高于日间工作者，这是因为夜间的生理性耗费会高于日间。

此外，如果工作内容具有危险性，或有碍人身体健康，或工作环境中具有令人难以忍受的噪声、温度、湿度、光线及气味等，从事这类工作的人需要较高的薪酬，来补偿他们的体力、耐力及身体的损害。

第三节 人力资源职业生涯规划与管理

一、职业生涯规划的含义及特征

（一）职业生涯规划的含义

“生涯”一词，有人生经历、生活道路和职业、专业、事业的含义。生涯作为一个人终其一生所扮演角色的整个过程，由三个层面构成：一是时间，即个人的年龄或生命的过程；二是经历，即一个人一生所扮演各种不同的角色；三是为个人所扮演的各种角色投入的程度。①

职业生涯是指一个人一生中的所有与职业相联系的行为与活动以及相关的态度、价值观、愿望等连续性经历的过程。职业生涯也可以理解为一个人在其一生中所承担职务的相继历程。职业生涯始于工作之前的专门职业学习和训练，终于完全结束或退出职业工作。它不仅表示个人在某一职业工作时间的长短，而且包含个人职业发展、变更的经历和过程，包括从事何种职业、职业发展的阶段、由一种职业向另一种职业的转换等内容。因此，职业生涯是一个有着具体职业内容的动态概念。它是一种个体行为，而非群体或组织的行为，具有个体差异性。

职业生涯规划是指通过个人和组织相结合，对个人职业生涯的主客观条件进

① 杨艳东．公共部门人力资源管理 [M]. 郑州：河南大学出版社，2013：220.

行测定、分析、总结、研究，尤其是在对其兴趣、爱好、个性、能力、价值观、特长、经历以及存在的不足等各方面进行综合分析的基础上，确定其最佳的职业奋斗目标，并为实现这一目标进行行之有效的安排。例如，制订个人职业的近期和远景规划、职业定位、阶段目标、路径设计、评估与行动方案等一系列计划与行动。

（二）职业生涯规划的特征

一般来说，职业生涯规划具有以下四大基本特征。

第一，可行性。职业生涯规划的制订只有依据个人及其所处环境的现实，才能成为能够实现和落实的计划方案，而不是没有依据或不着边际的幻想。例如，大学生进行职业生涯规划时，要考虑所学的专业或今后从事的职业需要的知识和能力。如果所学非所用，或者不具备理想职业所要求的能力，职业生涯规划就不可行。现实中，所学非所用的现象比比皆是，这都是没有进行职业生涯规划或者职业生涯规划失败的结果。

第二，适时性。职业生涯规划是对未来的职业生涯目标和未来职业行动的预测。因此，各项活动的实施及完成时间，都应该有时间和顺序上的安排，以便作为检查行动的依据。

第三，灵活性。未来职业生涯目标与行动的规划涉及很多不确定因素，因此，规划应有弹性。随着外界环境和自身条件的变化，个人应及时调整自己的职业生涯规划方案，以增加其适应性。

第四，持续性。职业生涯目标是人生追求的重要目标，所以职业生涯规划应贯穿人生发展的每个阶段，通过不断的调整和持续的职业活动安排，最终实现职业生涯目标。

二、职业生涯管理的基本理论

（一）职业生涯管理的含义理解

职业生涯管理是指组织和员工个人对职业生涯进行设计、规划、执行、评估、反馈和调整的一个综合性过程。通过组织和员工的共同努力与合作，使每个员工的生涯目标与组织的战略目标相一致，鼓励员工在完成组织目标的同时实现个人的职业发展目标。因此，职业生涯管理包含两个方面：第一，对员工而言，它是员工职业生涯的自我管理，是强化员工对个人能力、潜质和终身职业计划的认知。

自我管理是职业生涯成功的关键。第二，从人力资源部门的角度来讲，它是组织协助员工规划其职业生涯发展，并为员工提供必要的教育、训练、轮岗等发展机会，促进员工职业生涯目标的实现。

现代人力资源管理除了重视组织发展外，更加注重员工个人的发展要求。组织要给予员工适当的训练、协助和机会，使员工能够认同组织的发展目标和经营理念，制定切实可行的个人职业生涯发展目标，并努力促进其实现。因此，职业生涯管理包括对员工状况的深入了解和对组织的深入了解，在对两者进行了深入了解的基础上，确定其职业生涯规划目标以及实现目标所需的各种管理方法与手段。

（二）职业生涯管理的主要特点

第一，个人和组织双方共同完成对职业生涯的管理。在职业生涯管理中，员工个人和组织都必须承担一定的责任，按照职业生涯管理工作的具体要求做好各项工作。无论是个人还是组织都不能过分依赖对方，因为有些工作是对方不能替代的。从个人角度来讲，职业生涯规划必须由个人决定，要切实结合自己的性格、兴趣和特长进行设计。组织在进行职业生涯管理时，考虑的主要因素是组织的整体目标以及所有组织成员的整体职业生涯发展，其目的在于通过对所有员工的职业生涯管理，充分发挥组织成员的集体潜力和效能，最终实现组织目标。

第二，必要的信息管理系统的支撑。信息管理系统是现代人力资源管理的一项基础性工作，只有做好信息管理工作，才能有效地进行职业生涯管理。在职业生涯管理中，员工个人需要了解和掌握有关组织各方面的信息，如组织的发展战略、经营理念、人力资源的供求情况、职位的空缺情况与晋升标准等。同时，组织也需要全面掌握组织成员的情况，如员工个人性格、兴趣、特长、潜能、情绪以及价值观等。此外，职业生涯信息总是处于变动之中，组织的发展、经营重点与人力需求在变，员工的能力、需求与职业生涯目标也在变，这就要求组织必须对信息管理系统进行不断的维护和更新，从而确保信息的有效性。

第三，职业生涯管理是一种动态管理。职业生涯管理贯穿职业生涯发展的全过程。在职业生涯发展的不同阶段，每一个组织成员的发展特征、发展任务以及应注意的问题都不相同。每一阶段都有各自的特点、目标和发展重点，所以对每一个发展阶段的管理也应有所不同，以适应情况的变化。

三、职业生涯管理模式

职业生涯通道是个体在一个组织中所经历的一系列结构化的职位。职业生涯通道的概念不同于职业生涯路径，职业生涯路径是指员工在其职业生涯中所经历的一系列工作经验。

一般来说，组织有四种职业生涯通道模式：传统职业通道、行为职业通道、横向技术职业通道及双重职业通道。

（一）传统职业通道

传统职业通道是员工在组织中从一个特定的职位到下一个职位纵向向上发展的一条路径。这种模式将员工的发展限制于一个职能部门内或一个组织内，通常由员工在组织中的工作年限决定员工的职业地位。

传统职业通道的最大优点是清晰明确、直线向前，即员工清楚自己发展的特定工作职位序列，但它的一个很大的缺陷是其是基于组织过去对成员的需求而设计的。实际上，组织的发展、技术的进步、外部环境的变迁、组织战略的改变都会影响到组织流程和组织结构，进而影响到组织对人力资源的需求。因此，原有职业需求已不再适应组织发展的需求。

（二）行为职业通道

行为职业通道是一种建立在对各个工作岗位的行为需求分析基础上的职业发展通道设计。它要求组织首先通过工作分析来确定各个岗位上的职业行为需要，其次将具有相同职业行为需要的工作岗位化为一族（这里的族是指对员工素质及技能要求基本一致的工作岗位的集合），最后以族为单位进行职业生涯设计。员工可以在族内进行职业流动。

对员工来讲，首先，这种职业发展设计为员工带来了更多的职业发展机会，尤其是当员工所在部门的职业发展机会较少时，员工可以转换到一个新的工作领域，开始新的职业生涯；其次，这种职业发展设计也便于员工找到真正适合自己的工作，找到与自己兴趣相符的工作，进而实现自己的职业目标。对组织来讲，这种职业发展设计增加了组织的应变性。当组织战略发生转移或环境发生变化时，能够顺利实现人员转岗安排，保持整个组织的稳定性。

（三）横向技术职业通道

以上两种职业通道都被视为组织成员向较高管理层的升迁之路，但组织内并没有足够多的高层职位供员工升迁，而长期从事同一项工作会使人感到枯燥无味，影响员工的工作效率。因此，组织也常常采取横向调动来使员工焕发新的活力。虽然没有加薪或晋升，员工同样可以提高自己对组织的价值。

按照这种思想所制定的组织职业通道就是横向技术职业通道，它进一步打破了行为职业通道设计对员工行为和技能要求的限制和约束，实现了员工在组织内更加自由地活动。这种设计一般建立在工作行为需求分析基础之上。

（四）双重职业通道

传统的职业通道是组织中员工向较高管理层的升迁之路，而双重职业通道主要用来解决某一领域中具有专业技能但并不期望或不适合通过正常升迁程序调到管理部门的员工的职业发展问题。这一职业通道设计的思路是：专业技术人员不是被提拔到管理岗位，而是体现在报酬的增加和地位的提升上，并且使处于同一岗位上不同级别专业人员的报酬是可比的。

双重职业通道有利于激励在工程、技术、财务、市场等领域中有突出贡献的员工。实现双重职业通道能够保证组织既聘请到具有高技能的管理者，又雇用到具有高技能的专业技术人员。专业技术人员实现个人职业生涯发展可以不必走从管理层晋升的道路，避免了优秀的技术专家中培养出不称职的管理者的情况。这无疑有助于专业技术人员在专业方面取得更大的成绩。

总体来看，传统职业通道以及由其改良来的行为职业通道都是基于晋升而设计的，横向职业通道可以增加员工的职业生活多样性，双重职业通道可以保证员工在适合自己的岗位上发展。每种通道都有它的特点，组织可以根据各自的特色选择适当的职业通道，发挥职业管理的最大功效。

组织晋升管理政策是影响和决定员工职业生涯通道的重要因素。公开、公平、合理、有效的晋升政策有助于激发员工的进取精神，充分调动他们的工作积极性，从而提高整个组织的工作效率。同时，公开、公平、合理、有效的晋升政策也有利于人力资源配置的科学化，促进员工队伍的结构优化。

第四章 员工关系与安全健康管理

员工关系与安全健康管理是维护组织稳定与发展的重要方面。本章将概述劳动关系、分析劳动标准与合同管理以及劳动争议的处理与预防。同时，本章将重点关注员工的安全与健康管理，确保员工权益与组织责任的平衡。

第一节 劳动关系概述

一、劳动关系的含义及特征

（一）劳动关系的含义

劳动关系有广义和狭义之分。从广义上讲，任何劳动者与任何性质的用人单位之间因从事劳动而结成的社会关系都属于劳动关系的范畴。从狭义上讲，现实经济生活中的劳动关系是指依照国家劳动法律法规规范的劳动法律关系，即当事双方是被一定的劳动法律规范所规定和确认的责权、义务和利益联系在一起的，其责权、义务和利益的实现是由国家强制力来保障的。劳动法律关系的一方（劳动者），必须加入某一个用人单位，成为该单位的一员，并参加该单位的生产劳动，遵守该单位内部的规章制度；而另一方（用人单位），则必须为劳动者提供一定的劳动条件，并按照劳动者的劳动数量及质量为其支付报酬，从而满足和改善劳动者物质和文化生活的需要。概括而言，劳动关系是指劳动者与用人单位就劳动而建立的社会经济关系的总称，是一系列责任、权力和利益的总和。

（二）劳动关系的特征表现

1. 劳动关系是一种劳动力与生产资料的结合关系

从劳动关系的主体上说，当事人一方固定为劳动力所有者和支出者，称为劳动者；另一方固定为生产资料所有者和劳动力使用者，称为用人单位（或雇主）。劳动关系的本质是强调劳动者将其所有的劳动力与用人单位的生产资料相结合。

这种结合关系从用人单位的角度观察就是对劳动力的使用，将劳动者提供的劳动力作为一种生产要素纳入其生产过程。在劳动关系中，劳动力始终作为一种生产要素而存在，而非产品。这是劳动关系区别于劳务关系的本质特征，后者劳动者所有的劳动力往往是作为一种劳务产品而输出，体现的是一种买卖关系或者加工承揽关系等。

2. 劳动者与用人单位具有显著的从属性关系

劳动关系主体之间既有法律上的平等性，又有客观上的隶属性。劳动关系建立的当初双方的关系是平等的，但到劳动关系建立以后，在职责上出现了从属关系或隶属性。由于用人单位作为劳动力的使用者，劳动者就具有了很强的隶属性质。一般来说，在劳动关系建立的当初，即劳动双方签订劳动合同之前，劳动者与用人单位可以就劳动关系中的所涉问题在平等自愿、协商一致的基础上进行，但劳动关系一旦形成，即劳动关系建立之后，劳动关系的一方（劳动者），要成为另一方（所在用人单位）的成员，双方在职责上则具有了显著的从属关系。用人单位作为劳动力使用者，要安排劳动者在组织内和生产资料结合，而劳动者则要通过运用自身的劳动能力，完成用人单位交给的各项生产任务，并遵守单位内部的规章制度。这种从属性的劳动组织关系具有很强的隶属性质，即成为一种隶属主体间的指挥和服从为特征的管理关系，这种劳动关系的当事双方便存在着非对等性。

3. 劳动关系即人身关系

由于劳动力的存在和支出与劳动者人身不可须臾分离，劳动者向用人单位提供劳动力，实际上就是劳动者将其人身在一定限度内交给用人单位，因而劳动关系就其本质意义上说是一种人身关系。但是，由于劳动者是以让渡劳动力使用权来换取生活资料，用人单位要向劳动者支付工资等物质待遇。就此意义而言，劳动关系同时又是一种以劳动力交易为内容的财产关系。

4. 劳动关系的法律性

劳动关系一般是通过受法律约束的劳动合同来体现的。劳动者为用人单位提供劳动，不仅可以换取各种报酬，而且还可以从工作中获得自尊、体面、满意感、成就感和归属感等。

5. 劳动关系的社会性与经济性

劳动关系所涉及的问题主要是经济社会利益的问题，在解决此类问题时，别人是无法替代的，只能由当事人自主处理。然而，市场经济追求效率、忽视公正等固有的弱点使得当事双方在自主处理劳动关系问题时有相当的难度。为了维护劳动关系的协调与稳定，有些国家更强调国家干预，如国家的劳动立法干预，政府通过三方（政府、劳动者和用人单位）协商机制的调节合作和干预等来维护劳动关系。例如，促进集体谈判和员工参与制度建设与实施，为劳动争议提供调解和仲裁服务，积极调解重大劳动争议等。因此，劳动关系既有法律性的特征，又有社会性、经济性的特征。

6. 劳动关系的排他性

劳动者与用人单位间的劳动关系具有排他性，即一位劳动者不能在同一时期与多个用人单位签订劳动合同。

二、劳动关系建立的原则

劳动关系的建立是员工和用人单位之间基于共同的目标和利益，通过签订劳动合同来确定双方权利和义务的过程。这一过程必须遵循一定的原则，以确保公平、公正和合法性。以下是对劳动关系建立时应遵循的几个基本原则的详细阐述。

（一）平等原则

平等原则是指在建立劳动关系时，所有求职者应享有平等的机会和待遇，不受性别、年龄、种族、社会出身等因素的歧视。用人单位在招聘过程中，必须对所有应聘者一视同仁，根据他们的能力、资格和经验来选择，而不是基于其他非工作相关的因素。这一原则确保了就业市场的公平性和多样性，为求职者提供了平等的竞争机会。

（二）公开原则

公开原则要求用人单位在招聘过程中，公开发布招聘信息，明确招聘的标准和程序。这不仅包括招聘的职位、人数、工作地点、薪资待遇等基本信息，还包括选拔的标准和流程。通过公开透明的招聘过程，可以减少不正之风和腐败现象，确保每个应聘者都能根据自身的条件和能力公平参与竞争。

（三）照顾特殊群体的原则

在招聘过程中，应特别关注并照顾到某些特殊群体，如残疾人、退役军人、下岗职工等。这些群体在就业市场上可能面临更多的困难和挑战，因此，用人单位应根据国家政策和法律法规，给予他们适当的优先权或提供更多的就业机会。

这不仅体现了社会的公平和正义，也有助于增强这些特殊群体的生活信心和社会归属感。

（四）禁止未成年人就业的原则

未成年人由于身体和心理尚未成熟，不适合从事正式的工作。因此，劳动关系建立时应遵循禁止未成年人就业的原则。这一原则旨在保护未成年人的身心健康和受教育权，防止他们过早地进入劳动力市场而影响到其正常成长和发展。用人单位在招聘时必须严格核实应聘者的年龄信息，确保不录用未成年人。

（五）先培训后就业的原则

为了提升员工的专业技能和职业素养，确保他们能够适应工作岗位的要求，用人单位在招聘新员工后应先进行必要的培训。培训内容可以包括用人单位的规章制度、岗位职责、操作流程以及相关的专业知识和技能等。通过培训，新员工可以更快地融入团队和工作环境，提高工作效率和质量。同时，先培训后就业的原则也有助于提升整个行业的专业水平和竞争力。

第二节　劳动标准与合同管理

一、劳动标准管理

劳动标准通常是以法律形式规定的关于劳动条件的最低标准。在劳动关系的视角下，劳动标准有广义和狭义之分。狭义的劳动标准是指对劳动领域内规律性出现的事物或行为进行规范，以定量的形式（如数据）作出的统一规定，诸如最低工资、劳动者每日最长工作时间以及平均每周最长工作时间等。广义的劳动标准除了包括狭义的劳动标准以外，还包括那些劳动领域的定性规范以及更宽泛的描述性规定，覆盖更广阔的劳动领域内容。

（一）劳动标准的主要作用

从作用上看，首先，劳动标准具有强制性作用，比如国家和政府制定的劳动法律、法规和其他规范性文件中规定的劳动标准，具有强制性和普遍适用性，再比如由国家标准化机构批准的要求强制执行的劳动安全卫生标准等也具有此类性质；其次，劳动标准具有指导性，比如政府发布的有关劳动标准的政策性文件和标准化机构推行的推荐性标准，没有强制性，只是提倡、鼓励有关方面执行，具有政策指导性；最后，具体的劳动标准在本单位内部具有约束性作用，适用于特定单位及其内部劳动者，比如用人单位规章制度中的有关劳动标准、用人单位集体合同中的劳动标准。

总体而言，劳动标准是经过有关机构进行决定或批准，或经协商一致大家共同遵守，通过有效的方式进行发布，作为共同遵守的准则及依据；而且，国家有关部门会在全国范围内确定最低下限，而不同行业或不同区域又可以在国家确定的最低下限向上进行调整，但不得低于国家确定的最低下限。通过这种设置，杜绝了劳动关系建立的双方通过合同形式对其进行调整，保障了劳动者应当享有的最低劳动权益，进而达到维护劳动者的基本权益，协调处理好劳动关系的目的。

（二）劳动标准的一般内容

由于劳动标准通常是以法律形式规定的关于劳动条件的最低标准，而劳动条件当中既包含劳动安全卫生、必要的物质和技术条件等基本劳动条件，也包括工资、工时等核心劳动条件和休息休假、职业培训、社会保险与福利、劳动纪律等其他劳动条件。所以根据对劳动条件的理解和法律效力的不同，我们把劳动标准分为两部分：一部分是强制性标准，即劳动条件的最低标准，指法律对劳动条件设立的最低界限，如最低工资等；另一部分是指导性标准，指各种劳动条件的行情，是政府根据自己的政策目的，在最低标准基础上制定的，或通过行政指导促进劳资双方形成的劳动条件的标准行情，如工资指导线等。其中，常见的劳动标准包括以下几个方面的内容：工作时间及休息休假制度、工资制度、社会保险制度、劳动安全卫生规程与制度、女职工及未成年人保护。

二、劳动合同管理

（一）劳动合同的含义

劳动关系从劳动合同生效开始，到劳动合同终止结束。劳动合同是劳动关系的法律凭证。管理者只有了解和掌握劳动合同的有关知识，熟悉劳动合同的建立、履行、变更和解除的基本程序，了解劳动合同的法律法令，才能在实践中预防和正确、灵活地处理各种劳动纠纷，才有可能理顺经营管理活动中出现的各种复杂的劳动关系，这是做好人力资源管理工作的前提。

劳动合同又叫劳动契约或劳动协议，是劳动者和用人单位确立劳动关系、明确双方权利和义务的协议。

根据《中华人民共和国劳动法》和《中华人民共和国劳动合同法》的规定，用人单位自用工之日起即与劳动者建立劳动关系，用人单位应当自用工之日起一个月内与劳动者签订书面劳动合同，即员工入职后，用人单位应尽快与其签订书面劳动合同。

（二）劳动合同的内容

劳动合同的内容是当事人双方经过平等协商所达成的关于权利义务的条款，《中华人民共和国劳动法》（以下简称劳动法）第十九条规定劳动合同中包括法定条款与约定条款。

1. 法定条款

法定条款是依据法律规定劳动合同双方当事人必须遵守的条款，也叫必备条件。不具备法定条款，劳动合同就不成立。《中华人民共和国劳动法》（以下简称劳动法）第十九条规定，劳动合同应当具备以下条款：①劳动合同期限；②工作内容；③劳动保护和劳动条件；④劳动报酬；⑤劳动纪律；⑥劳动合同终止的条件；⑦违反劳动合同的责任。

2. 约定条款

劳动合同除以上法定条款外，双方当事人可以根据实际需要在协商一致的基础上，拟订其他约定条款。常见的内容如下：①试用期约定；②培训约定；③保守秘密、竞业限制约定；④补充保险和福利待遇约定；⑤与劳动合同内容有关的专项协议；⑥当事人约定的其他事项。

（三）劳动合同的期限

1. 劳动合同期限

我国劳动法第二十条规定：“劳动合同的期限分为有固定期限、无固定期限和以完成一定的工作为期限。”“劳动者在同一用人单位连续工作满十年以上，当事人双方同意续延劳动合同的，如果劳动者提出订立无固定期限的劳动合同，应当订立无固定期限的劳动合同。”

（1）有固定期限。有固定期限的劳动合同亦称定期劳动合同，是指双方当事人规定合同有效的起止日期的劳动合同。劳动合同期限届满，劳动合同即告终止。

（2）无固定期限。无固定期限的劳动合同亦称无定期劳动合同，是指双方当事人不规定合同终止日期的劳动合同。订立无固定期限的劳动合同，除法律、法规有规定外，双方当事人应当约定变更、解除、终止合同的期限。只要不出现可以解除、终止劳动合同的条件，劳动者就可以长期在一个用人单位工作。

（3）以合作时间为期限。以完成一定工作为期限的劳动合同是指双方当事人将完成某项工作或某项工程作为合同终止日期的劳动合同。当某项工作或工程完成后，劳动合同自行终止。

2. 劳动试用期限

劳动法第二十一条规定："劳动合同可以约定试用期。试用期最长不得超过六个月。"劳动合同法第十九条规定：劳动合同期限三个月以上不满一年的，试用期不得超过一个月；劳动合同期限一年以上不满三年的，试用期不得超过二个月；三年以上固定期限和无固定期限的劳动合同，试用期不得超过六个月。

同一用人单位与同一劳动者只能约定一次试用期。

三、劳动合同的变更与解除

（一）劳动合同的变更

劳动合同的变更是指劳动合同双方当事人就已经订立的合同条款达成修改与补充的法律行为。劳动合同的变更有两种形式：法定变更和协商变更。

1. 法定变更

法定变更是指在特殊情形下，劳动合同的变更并非因当事人自愿或同意，而具有强制性。这些特殊情况都是由法律明文规定的，当事人必须变更劳动合同。一是由于不可抗力或社会紧急事件等，造成用人单位或劳动者无法履行原劳动合同，如地震、战争、台风、暴雪等不可抗力或恶劣天气等自然灾害。这些情况出现时，双方当事人应当变更劳动合同的相关内容。二是由于法律法规的制定或修改，导致劳动合同中的部分条款内容与之相悖而必须修改，如政府关于最低工资标准的调整、地方政府颁布的关于高温天气作业的劳动时间变化的规定等。此时，用人单位与劳动者应当依法变更劳动合同中相应的内容，并按照法律法规的强制性规定执行。

另外，法定变更还包括：①劳动者患病或者非因工负伤，在规定的医疗期满后不能从事原工作，用人单位应当与劳动者协商后，另行安排适当的工作，并因此相应变更劳动合同的内容；②劳动者不能胜任工作，用人单位应当对其进行培训或者调整其工作岗位，使劳动者适应工作要求并相应变更劳动合同内容；③劳动合同订立时所依据的客观情况发生重大变化，致使原劳动合同无法履行的，用人单位应当与劳动者协商，就变更劳动合同达成协议；④因单位转产、重大技术革新或重大经营方式调整等单位内部经济情况发生变化的，用人单位应当与劳动者协商变更劳动合同。

2. 协商变更

协商变更合同内容应遵循以下程序：①提出变更理由申请；②对方应及时回复；③协商一致后签订书面变更合同；④变更后书面合同各执一份保存。

如果变更合同双方协商不一致，不准变更。

（二）劳动合同的解除

劳动合同的解除是指劳动合同签订以后，尚未全部履行之前，由于一定事由的出现，提前终止劳动合同的法律行为。

1. 劳动合同双方约定解除劳动关系

劳动法第二十四条规定：经劳动合同当事人协商一致，劳动合同可以解除。

2. 一方依法解除劳动关系

（1）用人单位单方解除合同。如果出现以下情形，用人单位可以随时解除合同并不需承担经济补偿：①劳动者在试用期间被证明不符合录用条件的，此种情况在试用期满后不再适用；②劳动者严重违反劳动纪律或用人单位的规章制度；③劳动者严重失职、营私舞弊，对用人单位利益造成重大损失；④劳动者被追究刑事责任的。

如果出现以下情形，用人单位需要提前30天通知劳动者，并给予经济补偿：①劳动者患病或非因工负伤，医疗期满后，不能从事原来工作也不能从事用人单位另行安排的工作；②劳动者不能胜任工作，经过培训或者调整工作岗位，仍不能胜任工作的；③劳动合同订立时所依据的客观情况发生重大变化，致使原劳动合同无法履行，经当事人协商不能就变更劳动合同达成协议的。

当以下条件出现时，用人单位需要裁员，应提前30天向工会或者全体员工说明，听取工会意见，向劳动行政部门报告。用人单位经济性裁员应满足以下两个条件：①用人单位濒临破产进行法定整顿期间；②用人单位生产经营发生严重困难，确需裁减人员。

（2）劳动者单方解除劳动合同。遇到以下情况，劳动者可随时向用人单位提出解除劳动合同：①在试用期内，劳动者可以提出解除劳动合同；②用人单位未按劳动合同的约定支付劳动报酬或提供劳动条件；③用人单位以暴力、威胁、非法限制人身自由的手段强迫劳动。

（3）用人单位不得随意解除劳动合同。劳动合同法第四十二条规定，劳动者有下列情形之一的，用人单位不得随意解除劳动合同：①从事接触职业病危害作业的劳动者未进行离岗前职业健康检查，或者疑似职业病病人在诊断或者医学观察期间的；②在本单位患职业病或者因工负伤并被确认丧失或者部分丧失劳动能力的；③患病或者非因工负伤，在规定的医疗期内的；④女职工在孕期、产期、哺乳期的；⑤在本单位连续工作满十五年，且距法定退休年龄不足五年的；⑥法律、行政法规规定的其他情形。

第三节　劳动争议的处理与预防

一、劳动争议的基本认识

（一）劳动争议的定义理解

劳动关系的双方既相互依存，又充满矛盾。没有合格、积极的劳动者，任何用人单位都无法完成生产；没有用人单位提供的工作机会，劳动者也无法施展自己的能力并从工作中得到回报。劳动争议就是劳动关系当事人之间因劳动的权利与义务发生分歧而引起的争议，又称劳动纠纷或劳资纠纷。劳动争议是现实中较为常见的纠纷。其中有的属于既定权利的争议，即因适用劳动法和劳动合同、集体合同的既定内容而发生的争议；有的属于要求新的权利而出现的争议，即因制定或变更劳动条件而发生的争议。劳动纠纷的发生，不仅使正常的劳动关系得不到维护，还会使劳动者的合法利益受到损害，不利于社会的稳定。因此，应当正确把握劳动纠纷的特点，积极预防劳动纠纷的发生，对已发生的劳动争议，应当依法妥善处理。

劳动争议的当事人是指劳动关系当事人双方——职工和用人单位（包括自然人、法人和具有经营权的用人单位），即劳动法律关系中权利的享有者和义务的承担者。劳动争议的范围，在不同的国家有不同的规定。根据我国劳动争议调解仲裁法第二条规定，我国境内的用人单位与劳动者发生的下列劳动争议，适用本法：①因确认劳动关系发生的争议；②因订立、履行、变更、解除和终止劳动合同发生的争议；③因除名、辞退和辞职、离职发生的争议；④因工作时间、休息休假、社会保险、福利、培训以及劳动保护发生的争议；⑤因劳动报酬、工伤医疗费、经济补偿或者赔偿金等发生的争议；⑥法律、法规规定的其他劳动争议。

（二）劳动争议的分类

劳动争议按照不同的标准，可划分为以下几种。

按照劳动争议当事人人数多少的不同，可分为个人劳动争议和集体劳动争议。个人劳动争议是劳动者个人与用人单位发生的劳动争议；集体劳动争议是指劳动者一方当事人在 3 人以上，有共同理由的劳动争议。

按照劳动争议的内容，可分为：因履行劳动合同发生的争议；因履行集体合同发生的争议；因单位开除、除名、辞退职工和职工辞职、自动离职发生的争议；因执行国家有关工作时间和休息休假、工资、保险、福利、培训、劳动保护的规定发生的争议等。

按照当事人国籍的不同，可分为国内劳动争议和涉外劳动争议。国内劳动争议是指我国的用人单位与具有我国国籍的劳动者之间发生的劳动争议；涉外劳动争议是指具有涉外因素的劳动争议，包括我国在国（境）外设立的机构与我国派往该机构工作的人员之间发生的劳动争议、外商投资单位的用人单位与劳动者之间发生的劳动争议。

（三）劳动争议的起因

根据引起劳动纠纷的原因不同，可以将劳动纠纷划分为以下几种。

第一，因用人单位开除、除名、辞退职工和职工辞职、自动离职而产生的劳动纠纷。开除、除名、辞退这三者实质上是“用人单位单方解除劳动合同”的不同历史称谓或具体情形，主要适用于劳动者存在严重过错（如严重违反规章制度、严重失职、被依法追究刑事责任等）。开除通常指用人单位对严重违反劳动纪律或规章制度、给单位造成重大损害，或不适合继续工作的劳动者，依法单方解除劳动合同的最严厉纪律措施。除名特指针对劳动者无正当理由连续旷工或累计旷工达到法定限度，经教育无效后，用人单位依法单方解除劳动合同的行为。辞退广义上可作为用人单位主动解除劳动合同的统称，狭义上指对严重违纪但尚未达到开除程度的劳动者，或符合其他法定解除条件（如非过错性解除）的单方解除劳动合同行为。辞职是指劳动者基于个人原因，主动向用人单位提出解除劳动合同的行为。自动离职是指劳动者未履行任何解除手续，自行离开工作岗位并脱离用人单位，其法律后果可被视为劳动者单方面解除劳动合同。上述情况均导致劳动关系终止，也是产生劳动纠纷的重要因素。

第二，因执行国家有关的工资、保险、福利、培训、劳动保护等规定而产生的劳动纠纷。工资是劳动者付出劳动后应得的劳动报酬。保险主要是指工伤、生育、待业、养老、病假待遇、死亡丧葬抚恤等社会保险。福利是指用人单位用于补助职工及其家属和举办集体福利事业的费用。培训是指职工在职期间的职业技术培训。劳动保护是指为保障劳动者在劳动过程中获得适宜的劳动条件而采取的各种保护措施。由于上述规定较为繁杂，又涉及劳动者切身利益，因此不仅容易发生纠纷，而且容易导致矛盾激化。

第三，因劳动合同而产生的劳动纠纷。劳动合同是用人单位与劳动者为确立劳动权利义务关系而达成的一致协议。劳动合同纠纷在劳动合同的订立、履行、变更和解除过程中都可能发生。

第四，法律、法规规定的其他劳动纠纷。

二、劳动争议的处理

（一）劳动争议处理的原则

劳动争议处理作为维护劳动关系和谐稳定、保障劳动者与用人单位合法权益的重要机制，其运作需遵循一系列基本原则，以确保公正、高效、有序地解决争议。以下是对劳动争议处理原则的详细阐述。

1. 在查清的基础上，依法处理劳动争议原则

劳动争议的处理首先要求建立在事实清楚的基础之上。这意味着，处理机构或部门在介入争议时，必须进行全面、客观、公正的调查，收集并审查所有相关证据，确保对争议的事实有准确无误的认识。查清事实不仅是依法处理的前提，也是保障双方当事人权益的基础。

依法处理原则强调，劳动争议的解决必须严格依据国家法律法规进行，包括

劳动法、劳动合同法、劳动争议调解仲裁法等相关法律法规。法律是处理劳动争议的最高准则，任何调解、仲裁或诉讼活动都不得违背法律规定，确保法律适用的统一性和权威性。此外，依法处理还要求处理程序合法，即争议处理的每一步骤、每一环节都需符合法定程序，保障当事人的程序权利。

2. 当事人在法律上一律平等原则

当事人在法律上一律平等，是宪法原则在劳动争议处理中的具体体现。该原则要求，不论劳动者的职位高低、用人单位的规模大小，一旦进入争议处理程序，双方均享有平等的法律地位，享有同等的权利，承担同等的义务。处理机构应当平等对待双方当事人，不偏袒任何一方，确保争议处理的公正性。

平等原则还体现在争议处理过程中的话语权分配上。双方当事人均有权充分表达自己的意见和诉求，提供证据，进行质证和辩论。处理机构应给予双方平等的发言机会，确保每一方的声音都能被听见，每一份证据都能得到公正的评价。

3. 着重调解劳动争议原则

调解作为解决劳动争议的一种非诉讼方式，具有灵活、快捷、成本低等优点，因此被广泛应用于劳动争议处理实践中。着重调解劳动争议原则要求处理机构在处理劳动争议时，应优先考虑通过调解的方式解决争议，鼓励双方当事人通过协商达成共识，实现案结事了人和。

调解过程中，处理机构应充分发挥其中立、公正的角色，协助双方当事人沟通，澄清误解，缩小分歧，寻找双方都能接受的解决方案。同时，调解也应遵循自愿原则，即调解的发起、过程和结果的接受都应以双方当事人的自愿为前提，不得强迫调解或接受调解结果。

4. 及时处理劳动争议的原则

劳动争议的及时处理，对于维护劳动关系的稳定，保护当事人的合法权益具有重要意义。及时处理劳动争议原则要求处理机构在收到争议申请后，应尽快启动处理程序，按照法定时限完成调解、仲裁或诉讼等各个环节，避免争议久拖不决，给当事人带来不必要的损失。

为了实现及时处理，处理机构需建立健全高效的工作机制，优化处理流程，提高处理效率。同时，也应加强对处理人员的培训和管理，提升其专业素养和处理能力，确保争议能够得到快速、专业的处理。此外，及时处理还意味着处理机构应积极引导当事人选择适合的争议解决方式，避免不必要的程序延误。

（二）劳动争议处理的程序

1. 劳动争议协商

协商即人们通常所说的“私了”，是指纠纷主体双方以平等协商、相互妥协的方式和平地解决纠纷的方法，协商的过程和结果均取决于纠纷主体双方的意愿。协商可以有第三者协助或主持，也可以没有第三者参与。

2. 劳动争议调解

劳动争议调解委员会调解劳动争议的步骤如下。

（1）申请。劳动争议的当事人应当自其权利受到侵害之日起 30 日内以口头或书面的形式向劳动争议调解委员会提出申请。

（2）受理。劳动争议调解委员会在收到调解申请后，应征询当事人的意见，当事人不愿意调解的，应作好记录，在 3 日内以书面形式通知申请人。劳动争议调解委员会应在 4 日内作出受理或不受理申请的决定，对不受理的，应向申请人说明理由。

（3）调查。劳动争议调解委员会指派人员对劳动争议进行深入的调查研究，掌握第一手资料，弄清争议的原因。

（4）调解。在掌握了具体情况之后，劳动争议调解委员会及时召开调解会议，对双方当事人的劳动争议进行调解，并制作调解协议书或调解意见书。经调解，当事人达成协议的，制作调解协议书，当事人应自觉履行。调解不成功的，即制作调解意见书，供仲裁机构或人民法院参考。

3. 劳动争议仲裁

仲裁也称公断，是一个公正的第三者对当事人之间的争议作出评断。根据《中华人民共和国劳动法》第七十九条规定：“劳动争议发生后，当事人可以向本单位劳动争议调解委员会申请调解；调解不成，当事人一方要求仲裁的，可以向劳动争议仲裁委员会申请仲裁。当事人一方也可以直接向劳动争议仲裁委员会申请仲裁。对仲裁裁决不服的，可以向人民法院提起诉讼。”

4. 劳动争议诉讼

劳动争议诉讼是人民法院按照民事诉讼法规的程序，以劳动法规为依据，按照劳动争议案件进行审理的活动。对仲裁裁决书不服的，应在 15 日内向法院起诉，过期法院将不再受理。

三、劳动争议的预防措施

劳动争议的预防不仅关乎组织的稳定运营，还直接影响公共服务的效率与质量以及员工队伍的稳定与积极性。因此，探讨并实施有效的劳动争议预防措施显得尤为重要。

（一）增强劳动法治观念与法律意识

1. 普及劳动法律知识

用人单位应定期组织劳动法律知识的培训与教育，确保管理者和员工都能充分了解劳动法、劳动合同法等相关法律法规的内容，明确各自的权利与义务，增强法律意识。通过案例分析、模拟演练等形式，增强学习的实效性和针对性。

2. 树立法治观念

在用人单位内部，应大力倡导依法办事、依规管理的理念，将劳动法治观念融入日常工作的每一个环节。通过制定和完善内部规章制度，确保各项管理活动都有法可依、有章可循，减少因管理不当引发的劳动争议。

（二）规范劳动合同管理

1. 严格劳动合同签订

用人单位应自用工之日起与劳动者订立书面劳动合同，明确双方的权利义务、工作内容、工作地点、工作时间、休息休假、劳动报酬、社会保险等条款。劳动合同内容应全面、具体、合法，避免模糊不清或遗漏重要事项。

2. 加强合同履行监督

用人单位应建立健全劳动合同履行情况的监督检查机制，定期或不定期地对劳动合同的履行情况进行评估。对于发现的问题，应及时与劳动者沟通协商，采取有效措施予以纠正，确保劳动合同得到全面履行。

3. 完善劳动合同变更与解除程序

在劳动合同变更或解除时，用人单位应严格按照法律法规的规定进行操作。变更劳动合同应经双方协商一致并签订书面变更协议；解除劳动合同应符合法定条件并履行告知程序，确保劳动者的合法权益不受侵害。

（三）建立健全劳动争议调解机制

1. 成立劳动争议调解委员会

用人单位应成立由管理层代表、工会代表和职工代表组成的劳动争议调解委员会，负责处理本单位内部的劳动争议案件。调解委员会应遵循公正、公平、合法的原则进行调解工作，努力化解矛盾纠纷，促进劳动关系和谐稳定。

2. 完善调解程序与规则

用人单位应制定完善的劳动争议调解程序和申请、受理、调查、调解等各个环节规则明确的操作流程和时限要求，同时建立健全调解档案管理制度，以确保调解工作的规范化和制度化。

（四）加强监督与检查

1. 强化内部监督

用人单位应建立健全内部监督机制，加强对劳动关系管理工作的监督与检查。通过设立内部审计机构或聘请第三方审计机构等方式，对劳动关系管理工作的合规性进行定期或不定期的审计评估，以便及时发现并纠正存在的问题。

2. 接受外部监督

用人单位应积极接受政府监管部门、社会舆论和职工群众的监督与检查。对于外部监督中发现的问题应认真对待、及时整改并向社会公开整改情况，接受社会监督。

第四节　员工安全与健康管理

一、员工安全与健康管理的意义

员工的安全与健康是用人单位生产力的基础。在以人为本的管理理念下，做好员工的安全健康管理是用人单位人力资源开发与管理的重要内容。用人单位要培育竞争力，就必须做好员工安全健康管理，防止宝贵的人力资源因安全健康问题而不能充分发挥作用。

（一）员工安全与健康问题会给用人单位带来巨大的经济损失

员工的安全与健康问题，对于用人单位而言，是不可忽视的重要环节。这不仅关乎员工个人的福祉，更与用人单位的整体利益紧密相连。一旦员工在工作中发生安全事故或健康问题，用人单位将面临巨大的经济损失。首先，员工因伤因病无法正常工作，将导致生产力下降，进而影响单位的生产进度和经济效益。同时，用人单位还需承担员工因工伤或职业病而产生的医疗费用、康复费用以及可能的赔偿费用，这无疑增加了单位的运营成本。其次，员工安全与健康问题的频发，还可能对用人单位的声誉造成负面影响，不仅会影响单位的客户关系和市场地位，还可能导致法律纠纷和行政处罚，进一步加大单位的经济负担。

（二）加强员工的安全与健康管理可以提高用人单位的竞争力

用人单位努力创造符合职业卫生标准、安全的工作环境，保护员工的健康，减少由于职业事故和职业病所造成的直接经济损失和间接经济损失，既能避免职业病诊疗的开支和工伤事故所带来的损失，又能保护单位的生产力，保证单位产品的质量和工作任务按时完成，从而提高单位的经济效益，让单位得到最大的利润。另外，关注员工的安全与健康，对员工的健康进行管理，可以体现用人单位对员工的关怀，有利于建立和谐的劳动关系，营造良好的工作环境和氛围，提高员工的工作满意度和积极性。

（三）员工的安全与健康的现状不容忽视

事实证明，职业事故和职业病是可以避免和防止的。居高不下的职业事故反映了用人单位对员工职业安全的重视不够，并且工伤也不是传统上定义的危险职业才有的问题。实际上由于很多员工是在密封的大楼里和机械控制的办公室环境中工作，日益发展的技术经济正在引发新的健康问题，甚至计算机也成为导致“办公楼综合征”的因素。如有些员工的头疼和鼻塞是由通风不良或是由工作场所刺激物所引起的烟尘所致。此外，长期以来，用人单位比较注重员工的生理健康而忽视其心理健康问题，对职业心理保健投入很少。但是员工的心理问题极大地影响着用人单位的绩效及个人的发展。近年来，随着经济、科技飞速发展，人们的工作与生活节奏越来越快，面临的竞争压力越来越大，压抑、抑郁、焦虑、烦躁、苦闷、不满、恐惧、无助、痛苦等不良心理因素像幽灵一样时时困扰着上至管理层下至普通员工的心理，严重影响了员工的工作效率。

二、安全事故的预防

（一）通过强调安全来减少不安全的行为

为员工创造安全的工作环境是用人单位的责任，管理人员必须在口头上和行动上都表明安全的重要性，例如，当员工选择安全行为的时候，及时给予表扬；

以身作则，遵守各项安全规则和程序；定期视察工作场地；保持有关安全问题的沟通顺畅；创造合适的安全氛围等。

（二）通过培训来减少不安全的行为

安全培训是减少不安全行为的另一个途径，它对新员工特别适用。培训的内容包括安全工作的规定有哪些？安全的工作程序是怎样的？应该告诉员工哪里存在潜在的危险，并帮助员工建立安全意识。

（三）通过激励手段来减少不安全的行为

安全海报和标语有助于减少不安全的行为。某项研究表明，使用安全海报使安全行为增加了 20% 以上。但是安全海报和标语并不能代替全面的安全计划，用人单位应该将海报与其他手段结合起来减少不安全行为因素和环境因素。此外，用人单位的奖励计划在减少工伤事故方面也非常有效。比如有些用人单位一直给员工发放安全奖金，对员工完成安全表现在内的关键领域的目标的情况进行评价，然后根据其安全记录发放奖金。再比如，有些用人单位对员工参加安全会议、可以识别危险或被证明其安全健康的工作能力给予认可奖。

（四）行为安全教育

行为安全教育是一种针对员工在工作中可能出现的不安全行为进行识别、分析和纠正的教育方式。其核心在于首先确定员工在操作过程中哪些行为可能导致事故或伤害，进而对这些行为进行深入的剖析，理解其背后的原因和动机。在此基础上，对工人进行专门的培训，教育他们如何识别这些不安全行为，并培养他们养成良好的工作习惯和安全意识，从而避免这些不安全行为的发生。行为安全教育不仅关注员工的技术操作能力，更重视员工的安全态度和行为习惯，旨在通过改变员工的行为模式，从根本上减少和消除工作中的安全隐患，确保员工的人身安全和单位的生产安全。

（五）进行安全与健康检查

根据用人单位相关的安全规章制度，对所有可能引起安全与健康问题的因素进行例行检查，并对所有的安全事故和“准事故”进行调查。从管理的角度看，最好要设立专门的安全部门来评价单位的安全程度、监控安全结果和提出改进安全与健康管理的工作内容。

第五章　新技术赋能人力资源管理模式创新

随着新技术的不断涌现，人力资源管理模式也在不断创新。本章将聚焦于新技术在人力资源管理中的应用，探讨如何利用大数据、信息化、智慧考勤以及人工智能等技术赋能人力资源管理，提升管理效能。

第一节　大数据技术与人力资源管理创新

一、大数据与人力资源管理的关系辨析

人力资源管理内容会涉及数量繁多的数据资源，包含基础数据、发展潜力数据、能力数据、效率数据等，对这些数据进行整合、分析和计算，管理者可以更加客观、科学地进行人力资源管理，推动用人单位的可持续发展。其中，基础数据包括员工的工作职位、工作年限、绩效考核等信息，是对员工综合素质和发展潜力的初步展示。这些数据为人力资源部门的招聘工作提供了重要的数据基础，有助于更准确地判断员工的基本条件和适应性；发展潜力数据则记录了职工在用人单位的实际工作情况，体现了员工的未来成长可能性。人力资源部门可以通过对这些数据的分析和研究，制订相应的员工培训规划，为员工提供专业技术培训和职业发展机会，充分发挥员工的潜力，为用人单位培养更多的中高层管理和专业技术人才；能力数据展示了员工的实际工作能力，包括技能培训、工作荣誉、绩效成绩和突发问题解决能力等信息。通过这些数据，用人单位可以更有效地了解员工的实际工作水平，为员工提供更合适的岗位和工作任务；同时，也可以更准确地评价员工的工作绩效和贡献。效率数据包括员工的工作效率、项目完成周期和工作质量等信息，能够帮助人力资源部门对员工的实际工作状态进行有效了解。这些数据可以用于评估员工的工作效率和绩效，并为制订员工的个人发展计划提供依据。

二、大数据时代人力资源管理变革的现实意义

（一）符合创新发展要求

在新时代的背景下，局限于手工操作、纸质文档的传统人力资源管理已经难以满足日益激烈的市场竞争需求。而采用信息技术进行人力资源管理的创新和发展模式已经成为用人单位发展的重要方向。例如，大数据技术可以帮助用人单位收集、存储和分析海量的人力资源相关数据，从而揭示出隐藏在数据中的规律和趋势。通过分析员工的绩效数据、培训记录等，用人单位可以更准确地了解员工的需求和潜力，有针对性地制订培训计划、激励政策等，从而提高人力资源管理的针对性和有效性；云计算技术为人力资源管理提供了更强大的数据存储空间。用人单位可以将各类人力资源信息存储于云端，实现信息的在线共享和实时更新。由此可见，这些新技术的应用可以有效提高人力资源管理效率、降低人力资源管理成本，从而促进用人单位的高质量发展。同时，这也要求用人单位不断提高自身的信息化水平，培养适应新技术的管理人才，以确保人力资源管理创新能够得到有效实施。

（二）提高数据处理效率

人力资源管理涉及人员招聘、技能培训、薪资管理、绩效考核等领域，涵盖的数据信息量巨大，这就需要更高效的数据管理和分析方法。而传统的数据计算模式难以有效地处理和分析如此庞大的数据，导致人力资源管理工作效率低下，且难以充分挖掘数据中的信息价值。大数据时代背景下，通过充分发挥科学技术的能力，可以实现更精准的人才招聘、个性化的技能培训、科学的薪资管理以及公正的绩效考核，从而提高人力资源管理的效率和效果，为用人单位的高质量发展提供有力支持。

（三）优化用人单位人力资源配置

如今，信息技术已经成为推动各行各业进步的重要驱动力。

在人力资源领域，一方面，管理者可以借助大数据更精准地分析和预测人才的需求、流动和发展趋势。通过对员工的岗位能力、职业意识、培训历程以及思想素质等多个维度进行深入的考核和数据分析，能够更全面、准确地了解员工的状态和需求。这种深度数据分析不仅有助于更快速地找到合适的人才来填补岗位

空缺，还能确保员工在合适的位置上发挥最大的价值。此外，大数据还可以通过分析各种内部和外部数据，使管理者更好地了解当前的市场环境和竞争态势，进而制定出更为合理、有效的管理和发展策略。

另一方面，大数据技术的应用使人力资源管理者的管理思维发生变化。在传统人力资源管理模式中，管理者往往需要依赖多年的工作经验和直觉来作出判断和决策，但由于其主观性和随意性，很容易导致一些不必要的管理失误。而随着大数据技术的引入，管理者可以利用海量的数据对员工的个人工作绩效、职业发展轨迹以及外部行业趋势等进行更为准确的分析和预测，能够更加客观地评估员工的能力和潜力，制定更为合理的培训和晋升策略，更为准确地预测未来的人力资源需求。此外，大数据技术还可以帮助用人单位根据实际情况调整人员配置，确保各个部门和岗位的工作都能够得到有效的支持。

三、大数据时代人力资源管理变革与创新措施

（一）转变人力资源管理理念，创新管理模式

为了适应日益复杂多变的社会环境和市场需求，人力资源管理必须摆脱传统的管理理念和模式，夯实理念创新基础，采用先进的理念创新工作方法与工作模式。在这一过程中，用人单位领导层应高度重视人力资源管理的战略地位，并结合本单位的实际定位、特点和目标，投入必要的人力、物力、财力，依托大数据信息技术在人才招聘、培训、绩效评估、激励机制等方面展开体系化的管理变革，以确保人力资源管理能够适应不断变化的环境，提高人力资源管理的针对性。必要时，引进专业的社会化第三方机构，对人力资源管理的开展情况进行全面考察，使其更加清楚地了解自身短板，并根据实际问题提出针对性的改进建议，帮助用人单位更加科学、合理地开展人力资源管理工作，更好地发挥人力资源的潜能，提高用人单位管理效率和经营绩效。同时在推进人力资源管理规范化、标准化建设过程中，通过充分考虑自身的特点和需求，结合国家政策、法律法规以及行业要求，借鉴灵活性的招聘渠道、个性化的培训计划、创新型的激励机制等人力资源管理经验，制定人力资源管理策略和方案，确保管理实践的合规性和有效性。

（二）应用现代信息科学技术，实现科技赋能

随着信息化技术的发展，大数据、人工智能、云计算等先进技术在人力资

源管理中的应用变得越来越广泛。用人单位可以应用现代成熟的信息科学技术，将其投入到人力资源管理的各个板块环节之中，为人力资源管理相关工作“保驾护航”。例如，在人才招聘过程中，通过招聘管理系统实现在线投递、自动筛选简历等功能，提高招聘的效率。在培训发展领域，引入学习管理系统帮助员工在线学习和培训，从而增强培训效果。在绩效评估方面，电子化绩效考核系统可以更方便地收集、整理和分析员工的工作绩效数据，提高评估的准确性和公正性。同时，依托计算机、数据处理、信息平台等硬件、软件设施，建立多维度的数据信息联动平台，分析和挖掘人力资源存在的宝贵价值，规避和克服信息孤岛现象，减少重复性的数据录入和处理工作，并使人力资源管理摆脱依赖烦琐的手工操作和纸质文档的现状，最大限度地解放劳动力，将更多的人力资源投入到战略性和创新性的工作中，如战略规划、团队建设和创新管理等，为用人单位的可持续发展提供更多动力。

（三）做好人才录用工作，科学配置资源

首先，在现代社会，薪酬往往是人才选择工作的重要考量因素之一。用人单位可以通过优厚的薪资福利以及与绩效挂钩的奖励制度来吸引优秀人才。同时，为人才提供明确的晋升通道和职业发展路径，让其在单位内部看到成长和发展的机会，增加岗位吸引力。

其次，清晰的任职资格标准能够帮助招聘人员更好地了解岗位的要求，从而筛选出更符合条件的候选人。这不仅提高了招聘效率，还能够增强员工与职位之间的匹配性，减少因不适应岗位带来的人才流失问题。

最后，通过统一甄选过程来筛选和考查也是确保高质量人才引进的重要环节。甄选过程包括面试、笔试、能力测试、背景调查等环节，可以综合考察候选人的专业能力、素质特点、适应性等。这有助于评估应聘者是否能够胜任未来的工作岗位，并与用人单位的核心价值和需求相契合，从而更好地吸引和留住符合其需求的人才。

此外，在招聘人才过程中，还可以辅助运用大数据技术，从应聘者的履历、技能、经验等多个维度进行综合分析，从而帮助用人单位识别出最适合岗位的候选人，减少人工筛选的主观性和误差，提高招聘的精准性。针对人力资源配置不合理的情况，可通过信息技术重新分析和设计职能职责，更好地满足用人单位的实际需求，实现人力资源的优化配置。不仅如此，大数据还可以帮助用人单位预

测未来的人才需求。通过分析历史招聘数据、人员流动情况以及行业趋势，可以预测出未来可能的岗位需求，并提前做好人才储备和培养计划。

第二节　信息化技术推动人力资源管理效能提升

一、人力资源管理信息化的必要性

实现人力资源管理信息化是社会信息化的要求，是国家信息化整体建设的要求，是人力资源管理自身发展的要求。人力资源管理信息化建设，对于人力资源管理事业的发展具有十分重要的现实意义和深远的历史意义。在信息化时代，随着信息技术的迅猛发展，人力资源管理信息化的重要性日益突出，人力资源管理信息化面临很好的发展机遇。适应人力资源管理信息化的新形势，跟上国家信息化建设的步伐，加快人力资源管理信息化建设的进程，实现人力资源管理的跨越式发展，是摆在人们面前的重要而紧迫的任务。

（一）适应信息时代的要求

新的历史机遇，使人们可以把工业化和信息化结合起来，以信息化带动工业化，发挥后发优势，实现生产力跨越式发展。如今，信息技术发展日新月异，信息经济成为世界经济发展的新动力和新增长点，信息产业升级为发达国家的支柱产业，信息化成为国际竞争的战略制高点。社会信息化浪潮冲击着整个世界，每个行业、组织都面临着较大的压力，人力资源管理同样将面临巨大的冲击和挑战。

以计算机技术、通信技术、网络技术以及多媒体技术为基础的网络环境逐渐形成，人力资源管理的职能、方式和手段将发生根本性变化，人力资源信息快速向数字化方向发展，电子信息大量产生和应用。如果人力资源管理信息化工作滞后，不仅会使人力资源管理与社会发展相脱节，而且也会影响和制约其他领域的信息化进程。实现人力资源管理信息化，是顺应信息时代潮流的策略。恰逢信息化快速发展这一历史契机，人力资源管理只有充分利用新的信息技术，适应新的社会环境，顺应时代的要求，积极寻求科学正确的应变之策，完善信息化的管理模式，建立先进的信息系统，深度开发人力资源信息，优化和提升人力资源管理能力，才可能化挑战为机遇，担负起时代赋予的历史使命。

近年来，各企事业单位正在大力推进人力资源信息化管理，力图使人力资源管理与社会发展同步。随着信息技术的发展，加速人力资源管理信息化的进程，全面提高人力资源管理水平，将成为今后人力资源管理发展的必由之路。

（二）符合社会信息化发展的方向

社会信息化是社会生产力发展到一定阶段的产物，是一个使社会各方面发生深刻变化的复杂过程。社会信息化的实质在于在整个社会体系中采用现代信息技术，深入开发、广泛利用信息资源，实现信息资源共享，提高工作效率，从而达到丰富人们精神生活，拓展人们活动时空，加速国家现代化进程，促进人类社会进步的目的。

社会信息化具有极其丰富的内涵，涉及政府信息化、单位信息化、领域信息化、区域信息化、社区信息化、家庭信息化乃至个人信息化等诸多领域。其中，政府信息化是社会信息化的基础。信息化的核心在于共享信息资源。

为争夺发展先机，世界各国争相实施信息化战略。信息化战略是需要各行各业相互合作、共同努力的一项长期性和综合性的系统工程，其内容包括信息技术研究、信息基础设施建设、信息产业发展、信息资源开发。

人力资源管理信息化是社会信息化的有机组成部分，丰富了社会信息化的内容。在社会信息化进程中，各行各业都处于数字化信息社会的环境中，人力资源管理也必然向信息化、数字化、网络化迈进。

（三）信息时代科学技术的发展产物

人力资源管理信息化是应对全球科学技术迅猛发展形势的必然选择。人力资源信息化管理是以信息技术广泛应用为主导，人力资源信息建设为核心，信息网络为基础，信息人才为依托的人力资源管理模式。在信息时代，技术与管理是相辅相成的，技术参与管理，管理融合于技术之中。在这一背景下，无论是人力资源管理理论的研究还是管理实践，都需要信息化及信息技术的运用。在人力资源管理中，信息技术和管理模式的有机结合，使人力资源管理人员能够从繁杂的日常事务性工作中解脱出来，从而在复杂多变的环境中应对自如。

科学技术的发展给人力资源管理带来了新的机遇。抓住机遇，并努力学习和运用当代先进的科学知识与科技手段，加快人力资源工作融入信息社会的步伐，就能够推动人力资源信息化建设，就可以使人力资源管理事业和整个社会一起实现跨越式发展。

（四）社会对人力资源信息需求的发展

在信息时代，信息是最重要的资源，已经成为组织生存和发展的命脉，决定着组织的效益。信息社会的一个重要特征，是社会衍生的信息和社会对信息的需求同时激增，社会信息服务和信息技术业空前发达。人力资源信息与社会活动的关系密切。人力资源信息的管理水平及其提供利用的程度，直接关系组织的效率，关系单位的竞争力。面对人力资源信息激增和社会对人力资源信息需求增加、利用广泛的新情况，要提高管理与服务工作的质量，充分发挥人力资源信息的潜在价值，离不开计算机技术和信息通信技术的运用。只有实现人力资源管理信息化，充分发挥计算机网络系统处理与传输信息速度快、自动化程度高、可控性强、信息资源的共享面广等特点，才能满足信息社会对人力资源信息利用的需求，提高人力资源管理服务水平。

二、信息化技术推动人力资源管理效能提升的途径

（一）做好科学合理的顶层设计

用人单位要实现人力资源管理的信息化发展，就首先要做好科学合理的顶层设计工作。人力资源部门要制定详细的规划方案，会同财务部门和办公室等职能部门进行深入的调研工作，保证人力资源部门的信息化建设平台可以满足其他部门可持续性发展的需求，从而做好信息化平台建设的科学规划工作，为用人单位其他部门的人员管理和培训工作提供信息化的技术支撑。

（二）转变人力资源管理理念

人力资源管理的信息化建设，不仅是设备的更新换代，也是管理理念的转变。在进行人力资源管理平台的信息化建设过程中，用人单位的决策层要做好现代人力资源管理理念的培训学习工作，外出参加相关行业组织的理论研修班，加深对现代人力资源管理概念的理解。在领导层的人力管理理念转变下，用人单位需要进行全体员工的教育培训工作，召开信息化管理专题培训工作会，从而让全体员工形成信息化管理的理念，辅助人力资源管理工作的开展，营造现代化人力资源信息化管理的氛围。

（三）加强信息化管理中的安全建设

信息化安全建设是人力资源管理现代化建设中必须考虑的问题，对用人单位发展的安全有重要作用。用人单位在信息化平台上传送单位内部数据的过程中，要做好数据安全的加密工作，预防黑客的侵入和信息数据泄露。用人单位要组织研发内部的安全预防网络体系，加大建设的成本投入，做好安全测试工作，为人力资源管理信息化平台建设提供强有力的技术支撑。

（四）培养高素质的人力资源管理人才

高素质的人才资源是进行人力资源管理的重要载体，对于现代化信息管理平台建设有重要促进作用。用人单位要积极组织员工外出进修学习，不断提高个人的信息化管理水平和业务素质，从而提高部门信息化建设中的业务水准和队伍建设水平。此外，还可以招聘高素质高学历的专业管理人才，为管理团队建设注入新鲜血液。

总之，在市场经济快速发展的背景下，用人单位要实现长远发展，必须进行人力资源管理改革。人才资源是用人单位实现创新和发展的重要因素，人力资源管理工作在单位的发展中发挥着重要的决定作用。用人单位要转变管理思维，善于运用现代的信息技术进行人资管理工作创新，实现工作流程的简洁化和高效化，为单位的决策提供真实有效的数据支撑。

第三节　智慧考勤技术在人力资源管理中的应用

信息技术的飞速发展，使得大数据、人工智能的应用不断深入，推动了人力资源管理的信息化进程。人力资源管理信息化应用的不断增多，不仅提升了组织内的管理效能，而且降低了管理成本，提高了员工的满意度，显著提高了组织的竞争能力。考勤作为人力资源管理中的一个重要环节，也紧跟互联网时代的发展，通过与信息技术的紧密结合，为组织的战略发展提供了更好的服务。

目前，常用的智能考勤可分为基于非移动端和移动端两种。基于非移动设备的考勤包括人脸识别、指纹打卡、虹膜识别等，基于移动端的应用如企业微信、钉钉等打卡软件。本节从五种考勤技术的简介和应用着手，对近年来的主要研究和应用成果进行分析，以深化对智能考勤的理解，并对智能考勤技术的发展进行展望，以期为未来的研究提供有益的参考和借鉴。

一、智能考勤技术概述

（一）微信考勤

微信考勤主要是通过腾讯开发的软件企业微信进行管理。企业微信是腾讯企业于 2016 年推出的一款全平台办公工具。企业微信提供了通讯录管理、应用管理、消息推送、身份验证、移动端 SDK（软件开发工具包）等 API（应用编程接口），管理员可以使用这些 API，为单位接入更多个性化的办公应用。通讯录管理中，用人单位可以将自己本身具有的通讯录与企业微信的通讯录进行实时的同步更新，避免多重维护而给管理增加难度。消息推送中，单位发送的相关通知可以快速地发送到相关成员，信息传递高效快捷。

企业微信 JS-SDK（基于微信内的网页开发工具包）是企业微信面向网页开发者提供的基于企业微信内的网页开发工具包，用于开发体验更好的网页应用，同时提供了移动端登录、分享 SDK，帮助单位实现登录账号统一、内容的快速分享。为了便于单位调用微信客户端 Native 体验到更好的网页开发能力，开发者可以使用 JS-SDK。但是，所有的 JS（一种直译式脚本语言）接口只能在企业微信应用的可信域名下调用（包括子域名），可在企业微信的管理后台"我的应用"中设置应用可信域名。企业微信提供了很多的开发工具，比如接口调试工具、JS-SDK 调试工具等。

（二）钉钉考勤

钉钉是阿里巴巴集团专为国内单位或组织打造的工作商务沟通协同平台，免费且功能强大，500 万家单位或组织正在使用。钉钉主要是为了解决单位在办公上的协同问题，很大程度上提高了单位的办公效率。钉钉致力于信息保护方面，能够为单位的信息安全提供有效支持。

为了方便各类应用接入钉钉，钉钉开发平台开放了接入接口 API，利用 API 可以方便地让单位的 OA（办公自动化）系统与钉钉集成。对于单位而言，任何一种信息系统最重要的就是数据的安全与服务的稳定，所以钉钉的 ISV（应用服务商）可以接入钉钉云，运用云计算技术来保证单位的相关操作。数据安全保障方面，钉钉云可以通过底层的安全管控机制，为相关的服务提供更高的数据安全。服务稳定性方面，钉钉云则在 IAAS（基础设施）层面为各种云计算设施提供更好的可用性，而且从 PAAS（平台）层面提供支持，从而使钉钉更好地运行。

（三）人脸识别考勤

人脸识别又称人像识别或者面部识别，是通过计算机提取人脸的特征，并根据这些特征进行身份验证的一种技术。目前人脸识别系统不断完善，应用范围逐步扩展，已经从上市集团、大型单位拓展至火车站、机场、学校，取得了较好的效果。人脸识别的方法有很多种，包括基于几何特征的人脸识别方法、基于模型的方法、基于统计的方法、基于神经网络的方法、多分类器集成方法等。人脸识别主要是通过分析比较人脸的视觉特征，然后对个体身份进行鉴别的技术，主要是用摄像机或者其他媒体设备采集人脸的图形和视频流，然后在人脸库中进行检索与匹配，进而检测到人脸的一系列相关技术。人脸识别系统集成了人工智能、机器识别、机器学习、模型理论、专家系统、视频图像处理等多种专业技术，其核心技术的实现，展现了从弱人工智能向强人工智能的转化。

（四）指纹识别考勤

指纹识别是指通过比较不同指纹的细节特征来进行鉴别的技术，可用于身份鉴定。指纹识别是模式识别领域中使用最早的也是最为成熟的生物鉴定技术，它是集传感器技术、生物技术、电子技术、数字图形处理、模式识别于一体的新技术。指纹识别技术拥有识别速度快、采集方便、价格低廉等优点，被广泛应用于图像处理、模式识别、计算机视觉等众多学科领域。指纹识别打卡是很多单位考勤的主流选择。

指纹识别在技术上相对比较成熟，指纹识别方法也呈现多样化趋势。根据使用的特征不同，可以将指纹识别方法分为图像统计法、纹线匹配法、细节特征法、汗孔特征法，其中细节特征法应用最广。指纹识别有关的技术难点主要在于指纹采集。随着技术的不断发展，指纹采集逐渐从油墨捺印过渡到光学、固态指纹传感器等方式。目前最普遍的是基于光学的 3D 指纹采集技术、电容式传感器和温度传感器的指纹采集技术，电容式传感器的识别技术已经应用到移动设备中。

（五）虹膜识别考勤

虹膜识别主要是利用人眼中的虹膜进行身份的识别。虹膜识别与其他生物识别技术类似，都是通过获取虹膜图像，对图像进行相关的处理，提取虹膜特征，然后将这些特征与数据库中的虹膜图像进行逐一匹配，判断是否为相同虹膜，从而进行身份的识别。虹膜识别技术已经逐步应用到不同场合，如机场、校园以及其他需要进行身份识别的场所。

一个完整的虹膜识别系统是通过特制的光学成像系统、电子控制单元以及适当的计算机软件算法来提取虹膜图像。目前，有关虹膜识别产品的核心软件大都是基于 Daugman 提出的基于 Gabor 滤波的虹膜识别算法开发。一个虹膜约有 266 个量化特征点，而一般的生物识别技术只有 13~60 个特征点，Daugman 算法可获得 173 个二进制自由度的独立特征点。

二、智能考勤技术的应用

（一）企业微信的应用

不少单位最初是通过微信群、QQ 群、纸质通告、口头传达等与员工进行沟通交流。企业微信的上线，让办公正式成为微信的主要功能。企业微信具有很多功能，针对考勤模块设置了“打卡”这项应用，在手机上轻松考勤，支持固定时间上下班、灵活排班、自由上下班和外出打卡。微信考勤是目前绩效考核的一种重要方式。

企业微信考勤简便易行，为单位与员工带来诸多的便利，极大地提高了单位的考勤效率。在企业微信考勤中，管理员可以根据单位的需要制定相关的考勤规则、制度、流程。员工只需要根据单位制定的规章制度流程进行相应的操作，并且都会有相应的提醒消息，员工也不会因为自身的疏忽而忘记打卡。人力资源管理部门还可以对员工的打卡记录及其他相关信息进行查询、汇总，根据考勤记录导出文档或者表格，并将员工的打卡记录与员工上报的日报、周报、月报等相链接，通过手机端实时查看员工的工作情况，从而更好地管理员工。企业微信在功能上也存在着不足。比如，针对经常出外勤的员工，单位通常会要求员工采用微信定位的方式进行打卡。但是，这种基于 GPS 定位的考勤方式，会因为定位的偏差以及网络问题造成考勤的不精准。而且，员工可以对地理位置进行自我选择，因而可能出现欺骗行为，对单位的管理造成一定的影响。

（二）钉钉的应用

钉钉目前是打卡的主流软件，主要针对中小单位和团队。钉钉的布局比较广，既面向单位内部又结合单位外部沟通，所以消息栏成为各种重要信息的集合处。钉钉的更新速度较快，能跟随单位的需求不断改进，比较符合中小单位的需求。

钉钉的出发点是为单位的各方面管理提供便利，所以钉钉相对于其他考勤软件来说专业性很强。钉钉重视信息安全与服务的稳定，这会给单位的管理带来更加显著的效果，也能避免信息泄露的问题。钉钉的“DING一下”具有显著的特点，用户发出的每条消息，都会在左下角显示“已读”或者“几人未读”，可以随时跟踪他人有没有看到“钉”的状态，显示未读数和未读的人。点击“未读数”后，谁看了消息、谁没看，一目了然。对于没有收到的用户，管理者还可以将内容以电话录音或短信的方式发送到对方的手机上。DING消息也会保留在手机中，便于用户随时收听。但是，从另一个角度来看，很多员工并不愿意随时被监控，所以，人力资源部门必须把握好力度。钉钉考勤只需要一部手机，方便快捷，能够有效地减轻人力资源部门的工作量，提高考勤管理效率。

（三）人脸识别技术的应用

由于视频监控的普及，迫切需要一种远距离、用户非配合状态下的快速身份识别技术，以远距离快速确认人员身份，实现智能预警。人脸识别技术无疑是最佳的选择。采用快速人脸检测技术可以从监控视频图像中实时查找人脸，并与人脸数据库进行实时比对，从而实现快速身份识别。人脸识别已广泛用于政府、军队、银行、社会福利保障、电子商务、安全防务等领域，因而，人脸识别技术成为智能考勤的主要技术。由于人的生物特征具有唯一性，其考勤结果是唯一的，所以精准度高。人脸识别的考勤系统必须本人到场识别，虽然避免了代人打卡的弊端，但是同时缺少灵活性。而且，人脸在不同光照、不同场合以及出现伤口、衰老、整容等情况下采集的信息不同，会影响人脸库的信息配对，从而造成识别失败。如果人力资源部门采用不定期更新设备和人脸数据库的办法，又会加重管理部门的工作负担，增加单位管理的成本。所以，人脸识别的考勤方式更加适合大型单位。

（四）指纹识别技术的应用

在生物识别技术中，指纹识别是应用最广泛、价格最低廉的识别技术之一，一直保持着良好的发展态势。指纹识别技术主要应用于单位考勤和智能小区门禁系统中。随着生物识别技术的不断提高与发展，指纹识别技术应用领域将会不断扩大，能够给单位的考勤管理带来更多方便。基于指纹识别的单位员工考勤系统，能够很好地解决传统的打卡方式如磁卡打卡等带来的代打卡问题，就如人脸识别一样，指纹也具有唯一性，因而具有更高的精确性。指纹打卡的机器价格更低廉，操作流程更简便，并且随着指纹识别技术逐步嵌入到移动设备（如手机）中，大大提高了考勤的效率，所以指纹识别的考勤方式成为大多数中小单位考勤的首选。但是，指纹识别也存在一些弊端，如灵活性较差，手指受伤、沾染杂质等都会导致识别出现误差。

（五）虹膜识别技术的应用

虹膜识别技术在国内外的应用较广，随着技术的不断完善以及识别方式的多样化，虹膜识别已经逐步应用到不同领域。与人脸识别、指纹识别相比，虹膜识别方式在考勤管理中的应用相对要滞后一些，但其发展前景不错。

虹膜识别的优势在于：第一，虹膜具有内在的隔离和自我保护能力，不如其他生物特征如人脸、指纹等易受损害。第二，虹膜的纹理具有更高的稳定性和不变性，除非发生虹膜病变，否则很难随外界条件的变化而改变。因此，虹膜识别在准确率、识别率上都优于其他生物特征识别。虽然虹膜识别技术的应用成本高于人脸识别和指纹识别，但虹膜识别在单位考勤中的应用仍在不断发展之中。

三、智能考勤技术的发展趋势

（一）完善移动考勤应用程序

现有的智能考勤技术都或多或少地存在一定的问题，比如微信和钉钉考勤中的外勤打卡网络连接问题、代替打卡问题；以人脸识别、指纹识别、虹膜识别为主的生物特征识别，最大的问题是设备的灵活性不足。随着信息技术的改进和发展，将人脸识别、指纹识别等技术嵌入到移动软件的应用中，使两者融合，完善移动考勤应用程序，可以更好地解决考勤过程中出现的信息虚假问题。由于成本的降低和应用范围的不断扩大，移动智能考勤未来会有很大的发展空间。

（二）深化信息化人力资源管理

智能考勤技术的运用，使员工能获得考核结果的及时反馈，有利于员工与管理人员的互动交流，帮助员工参与组织的管理。因此，它不仅能促进信息技术与人力资源管理的融合，更有助于人力资源管理内涵的深化。在人力资源管理理念和战略模式变革的过程中，智能考勤技术将与人力资源管理各个环节有机整合，方便快捷地实现员工考核数据的实时更新，使绩效考核能做到公开、公平、公正，大大提高了人力资源管理的透明度和效能。

（三）挖掘人力资源管理大数据

对于与考勤相关的结构化和非结构化数据，人力资源部门可以收集、提取、汇总、分析与上报，并与员工的培训、薪酬、升迁、离职等数据相匹配，丰富人力资源管理大数据。谷歌、百度、腾讯等企业的人力资源管理数据，都囊括了电子图片、地理位置等非结构化数据。这有助于管理层准确甄别优秀员工，对有离职倾向的员工进行预警，并及时获取培训和薪酬激励的效果，使组织的人岗匹配更为精准，人力资源管理更加精细化，为人力资源管理决策提供支持与参考。

第四节　人工智能技术与人力资源管理实践

一、人工智能在人力资源管理中的应用

（一）人力资源规划模块的应用

人力资源规划的主要目的是根据组织内外部环境变化，通过对人力资源的供需进行分析和预测，进而制订人力资源供需平衡计划，确保人力资源的合理配置，最终实现组织目标。从这个意义来看，人力资源规划是一个系统性工程，涉及人力资源规划其他环节，是人力资源管理的前提和基础。现阶段，人力资源规划存在诸如缺乏系统性、与组织战略目标缺乏有效匹配、成本意识薄弱和过程管理欠缺精细化等问题。通过人工智能进行技术赋能，不仅可以对结构化的人力资源数据进行统计分析，更为重要的是对非结构化的人力资源大数据进行深度探索，从而全方位掌握组织人力资源供需状况和先前人力资源规划的执行效果。同时，借助人工智能辅助能够有效识别人力资源规划的核心指标，比如组织未来发展规划、员工胜任力、组织内部管控等，并在此基础上构建理论模型，利用智能算法追寻最佳人力资源规划建议。人工智能的辅助能够有效协助员工掌握各类人力资源宏观和微观数据，从而制订出符合本部门的最佳人力资源规划。当下越来越多的人力资源管理部门借助大数据等人工智能技术制订更为科学合理、富有远见的人力资源规划，这不仅有利于提升人力资源配置的合理性，也有利于降低组织人力资源管理的成本。

（二）招聘与配置模块的应用

招聘是人力资源管理的初始环节，选择与组织价值取向匹配的员工是提升人力资源管理效能的关键要素之一。通过智能算法对应聘者进行报名简历和个人社交等信息进行有效快捷的脱敏提取，从而全方位了解报考者可能在一般简历和面试中无法有效观察到的信息，建立候选人肖像，提高匹配成功率。在面试环节，辅助运用语音、人脸、触摸识别等技术模拟现实场景，从而对面试者情绪、动机和偏好进行考察。当前部分组织选择聊天机器人作为面试助理，通过机器学习和语言处理技术，收集面试者信息，形成画像。比如，通过 HireVue 进行面试，每个候选者通过机器人面试 30 分钟，在这个过程中，候选人的面部表情变化、词组和语调都会被有效观察，并以此评估他们的性格特征和动机偏好，从中可以获取超过 50 万个数据点，为最后是否录用提供重要参考。人工智能辅助招聘能够有效精准地选择合适的候选人进入组织，并提供合适的岗位，极大提高招聘的有效性。

（三）培训与开发模块的应用

建立一套系统化的培训与开发体系对于员工未来职业发展和组织绩效提升具有重要影响。培训与开发最重要的两个议题：一是培训的设计和执行；二是培训的有效性评估。长久以来，人力资源的培训与开发体系存在诸多问题，很难有效回应组织、岗位和个人的需求，也缺乏有效的培训评估机制。在实地调研中发现，不少员工认为，培训的课程内容设置、培训方式、培训跨度，以及培训效果等方面都亟须优化和提升，与此同时，培训的地区差异和部门差异也十分明显。在培训的设计和执行方面，为了使培训更能契合组织、岗位和个人实际需求，借助大数据和人脸识别等技术来识别员工日常工作面临的问题，有针对性地设计培训课程，并通过特定算法筛选有共同培训需求的人员，开展统一培训。在培训的有效性评估方面，利用大数据和云计算对员工培训前后的工作相关数据进行测算，全方位了解培训有效性，这为下一阶段的培训内容、方式的设计提供重要参考。

大数据技术嵌入的培训工作在运行后取得了一系列成效，例如，通过人岗匹配的动态数据和培训档案数据分析，为下一阶段的培训改革与再设计提供数据支撑；又如，基于培训课程质量分析和培训测试成绩分析，为提升培训内容的针对性提供重要参考。关于培训与开发的多方参与问题一直以来都是实务界和理论界关注的焦点，利用大数据和云计算等智能手段，能够有效识别各方参与培训和开发的优劣势，从而寻找到提升培训有效性的最佳组合。

（四）绩效管理模块的应用

在信息时代，如何采用更为科学精准的方式来进行绩效考核成为当下急需重点思考的议题。人工智能的高速发展为绩效管理带来了新的启发，但是技术如何嵌入绩效管理过程缺乏学术界和实务界的足够关注。相对于传统的绩效管理，人工智能场景下的绩效管理可以利用大数据技术明确绩效管理目标和岗位职责，从而与员工签署可评估的绩效合同，并借助云计算和智能算法进行全方位、多主体的绩效评估。比如，先前衡量公共服务质量的公众满意度数据更多需要委托第三方机构进行问卷调查或电话调查才能获取，由此产生高昂的时间成本。在人工智能时代，智能算法通过社交媒体、政府门户网站等渠道挖掘大量的结构化和非结构化数据，并进行各类数据深度分析，不仅可以降低时间损耗，也可以提高绩效评估结果的科学性。技术赋能有利于实现考核内容和标准的精准化、考核主体的多元化和考核方法多样化的目标。同时，借助对海量数据（特别是非结构化数据）进行全方位测算，能够有效寻求绩效数据背后隐藏的洞见，从而揭示绩效提升的关键点。

（五）薪酬福利管理模块的应用

薪酬福利管理是人力资源管理系统中非常重要且极具敏感性的模块。通过大数据可以掌握全国各地单位人员的薪酬福利水平，同时考量其他相关经济指标，构建薪酬福利模型，并通过智能算法对各地区各单位进行精准测算，为国家层面和地区层面进行统一有效的薪酬福利规划和调整提供基础。通过在国家层面构建人工智能技术嵌入的薪酬福利体系，不仅有利于实现全国各地单位薪酬设计的统筹，也有利于最大限度地提高国家财政支出的效率。同时，运用人工智能能够打通单位和私营部门薪酬福利之间的通道，建立不同行业性质从业人员薪酬福利的动态调整机制，形成不同行业从业人员薪酬福利的相对公平。与此类似，在组织内部，通过对各类海量数据的测算，有利于制定更加公平的薪酬福利体系，大大降低人为干扰，体现组织公平。

除此之外，人力资源管理中一直就存在关于物质激励和精神激励的相融抑或是相悖的争论，通过人工智能的辅助可以得到有效解决。具体来说，利用人工智能的辅助可以有效“观察”单位薪酬福利的管理现状，有针对性地对从业人员各类分布式数据进行深度测算，从而辨别物质激励和精神激励的相对重要性，为进一步优化单位激励管理提供实践启示。

（六）劳动关系管理模块的应用

劳动关系管理一直是人力资源管理的重要环节。如何构建和谐的雇佣关系是提升组织绩效的重要保障，人工智能技术会基于各类结构化和非结构化数据提供相应的解决方案，从而最大限度地提升人员的幸福感，降低系列改革带来的工作压力。同时，人工智能场景下的劳动关系可能会发生重大变化，利用大数据和语音、人脸识别等技术，动态了解员工的工作态度和情绪，为后续进行干预和管理提供基础。虽然人工智能手段可以辅助决策，但是相对于传统的上级领导决策，人工智能决策方式可能会给员工带来更低的程序公平感知。因此，以人工智能为基础的决策可能存在潜在负面影响，如何在营造和谐组织氛围过程中辩证地认识和运用人工智能技术成为当前迫切需要解决的问题。

人工智能在人力资源管理中的应用并非局限于人工智能对人力资源各板块的割裂性影响（即人工智能对各具体模块的潜在影响），而是一种系统化的整合影响（即通过人工智能，各模块之间更具协调性和匹配性）。嵌入人工智能的人力资源管理能够有效回应当前人力资源管理的战略性诉求，充分增强不同人力资源模块之间的协调性。同时，通过人工智能的辅助，人力资源管理更为量化，使整个人力资源管理体系更多地以数据来呈现，便于透过各类数据来洞见管理过程中的缺陷和问题。

二、人工智能在人力资源管理中的风险规避

在人工智能时代，传统人力资源管理模式将会受到颠覆，在智能技术带来管理效率的同时，也需要积极规避其带来的各种潜在风险。

（一）谨防算法权力带来的技术霸权

通过智能算法，对人力资源大数据进行深入挖掘和分析，获取数据洞见，对于优化组织结构，推动传统人力资源管理范式变革具有重要意义。随着智能算法的普及和重要性日益凸显，由此催生了新型权力形式——算法权力。算法权力作为一种技术权力，稍有不慎很有可能被少数组织和个人垄断，从而在人力资源数

据处理和运用上占据主导，对公众舆论、政策制定与执行等方面产生消极影响。伴随着人工智能在其他领域的广泛运用，由此带来的人类主体角色和理性价值逐步被弱化，公共性流失现象较为普遍。因此，国家有关部门亟须加强对算法权力的有效规制，发挥监管作用，抑制技术霸权的产生。

（二）防止数据泄露带来的诸多风险

人力资源大数据具有体量大、全面性、涉密性和关联性等显著特点，一旦泄露或被他人掌握，极易对国家、组织和个人信息安全造成不可估量的危害。在国家层面，数据泄露会对国家数据主权和国家政治安全产生不利影响，比如国家涉密岗位的人员任命需要防止信息泄露；在组织层面，数据泄露可能会使部门人力资源规划、绩效管理和薪酬福利管理等不适宜公开的敏感信息曝光，对组织和谐健康发展产生危害；在个人层面，数据泄露容易侵害个人隐私权，主要表现在不经个人授权而进行敏感、私密的信息收集和分析，形成伦理风险。因此，应该重点考虑如何有效规避人力资源数据泄露。由于人工智能发展带来的泄露风险巨大，需要积极探索更具约束力的“硬体系”治理规范，从而实现人工智能的健康快速发展。

（三）摒弃唯人工智能的路径依赖

人工智能的运用使人力资源管理朝着精细化、数字化方向发展，但是，切勿在人力资源管理过程中唯人工智能化，过度依赖人工智能带来的分析结果。一直以来，人工智能被当成中立实体（neutral entity）或是均衡器（equalizer），然而，智能机器容易存在创造者偏见（the bias of crea-tors ）和社会偏见（societal bias embedded in the data），从而造成由人工智能机器分析出的结果存在信效度不高的问题，更有可能导致公共价值冲突。因此，在人工智能带来管理便利性时，需要认识到人工智能的固有缺陷。人工智能不管发展到何种程度，其本质依然是分析工具，而由此产生的结果也仅仅是辅助参考，切勿将人工智能作为决策的唯一依据。同时，如何摆脱单一算法和模型也是人力资源管理亟须克服的重要问题，使用多种算法和模型有利于提高人力资源管理测算的精确性。

当前人工智能的发展水平尚处初级阶段，除了能够带来实际管理便捷之外，人工智能嵌入人力资源管理会导致更多的诸如公共价值选择、伦理观念冲突、敏感数据外泄等问题。因此，如何有效监管人工智能嵌入人力资源管理的全流程是相关部门亟须解决的重要问题。

第六章　新经济时代人力资源管理创新研究

新经济时代对人力资源管理提出了新的挑战与要求。本章将研究共享经济、数字经济对人力资源管理的影响与挑战，并探讨绿色人力资源管理的创新思考以及人力资源与经济高质量发展的协调策略。

第一节　共享经济与人力资源管理创新

随着信息技术的快速发展和经济全球化的加速推进，作为一个越发重要的商业模式，共享经济通过共享闲置资源和优化资源利用效率，深刻地影响了人们的生活方式、消费模式。在此背景下，人力资源管理面临着诸多挑战和机遇。一方面，共享经济的特点决定了单位需要大量的人力资源来支持其业务的发展，同时也需要更加灵活和高效的人力资源管理方式，以满足不同业务阶段和业务模式的需求。另一方面，共享经济的发展为人力资源管理带来了新的机遇。作为共享经济的核心资源，人力资源的管理方式在不断创新和变化。人力资源管理需要更加注重员工的体验和福利，鼓励员工参与单位的决策过程，提高员工的归属感和忠诚度。

一、共享经济下人力资源管理模式与传统单位的异同

首先，雇佣关系不同。传统单位通常会直接雇用员工，建立长期的雇佣关系，而共享经济单位中的“众包”模式更倾向于建立临时性的合作关系。这意味着共享经济单位需要在人力资源管理方面注重管理与合作伙伴之间的关系，而不是管理直接雇用的员工。其次，工作弹性不同。共享经济单位员工的工作往往具有更大的工作弹性，这给人力资源管理带来了不小的挑战，因为需要确保员工在这种工作弹性的前提下能够完成工作，并且不会对服务质量和客户满意度造成不良影响。最后，技能和培训不同。共享经济单位的员工通常不是长期的雇员，需要具备一定的技能和经验才能胜任工作。因此，共享经济单位需要为员工提供培训和

支持，确保他们具备必要的技能，提升单位的竞争力。

共享经济单位的人力资源管理模式还具有很多优势与创新之处。传统的人力资源管理主要侧重于员工的招聘、培训、激励和福利等方面，而共享经济单位更加注重灵活性和效率性。

首先，在员工招聘方面，共享经济单位普遍采用更加灵活的模式和用工形式。员工通常是自由职业者或者兼职人员，因此在福利待遇上相对传统单位更简单，但仍然有一些共性。一方面，共享经济单位普遍会提供基本的社会保险和福利待遇，如医疗保险、工伤保险等。另一方面，员工多数为自由职业者或兼职人员，在薪资方面通常采用计件或按需支付的方式，也为员工提供了更大的收入空间和自主选择工作时间的权利。由于共享经济的特殊性质，单位通常需要大量的兼职人员和临时工，因此采用了在线招聘和自由工作模式，以便更好地应对工作量的变化和需求的波动。相比之下，传统单位更加注重全职员工的招聘和稳定性，这导致了在员工数量和招聘成本等方面的一些局限。

其次，共享经济单位在员工培训和职业发展方面采用了更加灵活、独特的实践方式。在共享经济单位中，技能和服务水平是员工核心竞争力的体现，大多数的共享经济工作需要员工拥有特定的技能和资格证书。因此，许多单位通常都会提供各种形式的培训和技能提升机会，如在线培训和实践培训等形式，以帮助员工快速掌握所需的技能和知识，并提高员工的服务质量和竞争力。这种方式比传统单位的培训模式更加灵活和高效，员工可以在空闲时间自由地参加培训，并且培训内容更加贴近实际工作需要。此外，在员工激励和福利方面，共享经济单位也采用了不同的模式。这些单位通常没有传统单位中的固定薪酬和福利制度，因此会采用更加个性化和灵活的激励和奖励方式，如提供额外的佣金、奖金、优惠券、健康保险等福利待遇。这些奖励通常基于员工的工作质量、客户评价和完成任务的数量等因素，激励员工更加努力工作。

最后，共享经济单位普遍强调员工参与和自治的理念。在一些单位中，员工可以参与单位管理和决策，分享单位成长带来的收益，增强了员工对单位的认同感和归属感。但需要指出的是，由于共享经济单位用工形式的特殊性，员工福利待遇方面仍存在一些争议和问题。例如，一些平台单位对自由职业者的保障不足，需要在实践中逐步解决和改进。

二、共享经济下人力资源管理面临的困境和挑战

第一，在共享经济中，员工的工作特点决定了他们通常是自由职业者或兼职工作者，与传统单位中的全职员工存在明显的区别。这也使得共享经济单位在员工关系管理方面面临着一些独特的挑战。员工之间的合作是临时性的，而非长期的，他们与单位之间的关系短暂且不稳定，因此共享经济单位需要制定有效的沟通和协调机制，以确保员工能够高效协作，否则难以保证客户的需求得到满足。这意味着单位需要采用更加灵活的人力资源管理模式来应对这种变化。这种模式需要满足单位的用人需求，同时也需要兼顾员工的合法权益和需求。

第二，共享经济单位所涉及的行业和领域非常广泛，这些行业和领域的特点各异，导致单位在人力资源管理上需要根据具体情况制定相应的策略和措施。

第三，共享经济平台上的员工通常需要在不同的时间、地点和环境下进行工作，这种工作方式对员工的工作效率和工作质量提出了更高要求，同时也给单位的人力资源管理带来更大的挑战。

第四，员工在共享经济单位中的地位通常是非正式的，他们的权利和利益需要得到充分的保障。例如，在共享经济平台上工作的司机和配送员通常都是自由职业者或合同工，倘若不能够制定合理、明确的合同条款，就难以保障他们的正当权益。此外，共享经济单位还需要制定有效的机制，以解决员工与客户之间的纠纷。

第五，共享经济平台上的员工数量通常较大，单位不得不通过技术手段来管理这些员工。例如，通过智能化的人力资源管理系统和数据分析工具，实现对员工的有效管理，以确保员工的工作效率和单位的经营效益。

除上述提及的问题之外，共享经济单位在员工绩效的管理方面也面临挑战。一是工作特性的不确定性。共享经济单位的工作任务和工作时间都不确定，这使得员工的绩效难以量化和评估。二是评价标准的不确定性。共享经济单位的工作任务和工作时间不确定，因此评价标准也难以确定，如何确定合理的绩效评价标准成为一个难题。三是工作强度和工作满意度之间的矛盾。共享经济单位中，员工的工作强度比较大，往往需要在较短的时间内完成任务，这会影响员工的工作满意度，从而影响绩效评估。四是员工流动性大。共享经济单位中，由于工作的不确定性，员工流动性较大，这给员工绩效管理带来了挑战。如何在员工流动性

大的情况下有效评估员工绩效，是共享经济单位需要解决的独特问题。

三、共享经济中的人力资源管理的前景展望

随着共享经济的不断发展，共享经济单位将继续探索创新的人力资源管理模式，以满足业务的快速扩张和员工的需求。

第一，人才的竞争加剧。共享经济单位将加大对人才的投入，以争取优秀的员工加入自己的团队。与此同时，共享经济单位将在员工福利待遇和职业发展方面提供更加优越的条件，以留住优秀的员工。

第二，灵活的劳动关系模式。共享经济单位将进一步推广灵活的劳动关系模式，例如雇用合同工、临时工、兼职和自由职业者等。这些劳动关系模式可以增强员工的灵活性和自主性，但也需要单位更加重视员工的权益。

第三，多元化的员工激励机制。共享经济单位将探索更加多元化的员工激励机制，例如股票期权、分红和福利等。这些激励机制可以更好地激发员工的工作热情和创新精神，进而提升单位的竞争力和盈利能力。

总之，在共享经济时代，人力资源管理面临着前所未有的挑战和机遇。传统的人力资源管理模式已经无法满足共享经济单位的需求，需要创新管理模式和机制。共享经济单位在人力资源管理方面的实践表明，创新管理模式和机制可以为单位带来更高的效益和更好的员工体验。共享经济时代的人力资源管理需要关注员工的个性化需求和职业发展，注重员工绩效管理和激励机制，提供灵活的福利待遇和管理方式，同时加强员工关系管理和沟通。共享经济中的人力资源管理创新趋势已经明显，未来共享经济单位在人力资源管理方面还将面临更多的挑战和机遇，需要不断创新和提升。

第二节　数字经济与人力资源管理创新

对于单位而言，人力资源管理工作既要考虑各岗位人员的工作内容和工作职责，也需要引入先进的技术手段为管理工作提供辅助支持。信息化管理平台和结构完善的人力资源管理系统对于适应数字经济时代背景、提高人力资源管理的效率和质量有着非常重要的作用。人力资源管理岗位人员应当注重转变管理思路，引入先进技术，为提高人力资源管理效果服务。

数字经济的蓬勃发展，给经济社会带来了颠覆性影响。数字经济（Digital Economy）是继农业经济、工业经济之后的一种新的经济社会发展形态。无论是从生产组织形式，还是从生产要素等方面来看，数字经济都是一种与农业经济、工业经济截然不同的经济形态。

一、数字经济对人力资源管理工作的新要求

（一）以数据信息驱动人力资源管理决策

人力资源管理是一项具有综合性和复杂性的工作。各岗位人员的管理以及人员激励、人员引进工作都需要基于新的理念和具有实用性的方式方法达到预期效果。以数据信息驱动人力资源管理决策，是数字经济时代人力资源管理的新模式。具体来说，基于数字经济时代背景的要求，单位应当在人力资源管理工作中，通过多种措施发挥出数据信息在人力资源管理决策中的作用。

第一，应当从人力资源管理中的基础数据收集整理和数据分析方面入手采取措施，引入大数据平台和信息化管理系统，保证人力资源管理中的各类细节数据信息得到全面的分析和有效的应用。这是更进一步帮助管理人员基于数据分析了解基层人员需求、落实好人力资源管理工作的重要条件。

第二，对于单位来说，基础数据信息若能在全面性和真实性上达到一定的水平，则更有利于帮助其了解人力资源管理工作的整体趋势和未来需要改进的主要方向，从而为作出正确的人力资源管理决策提供支持。

第三，以数据为驱动力为人力资源管理工作的决策提供支持时，需要收集的数据信息包括员工个人信息与简历信息、各岗位人员工作绩效数据信息、各岗位人员参与培训以及个人职业规划需求信息等。只有首先做好对多方面信息的集中采集分析，才能够充分发挥数据信息的积极作用，为优化人力资源管理工作指标提供支持。

（二）以创新意识为基础引入先进技术进行应用

数字经济时代的发展呈现出全球覆盖的趋势，这也意味着技术的引入应用成为帮助单位适应数字经济市场环境的重要手段。在新技术新思路不断出现的情况下，人力资源管理工作应当基于人力资源管理领域并关注新的技术管理系统的发展变化趋势，以便结合人力资源管理工作的要求，将先进技术手段有效融入人力

资源管理工作，并在落实过程中达到提高管理效率、提高各岗位人员针对性管理的目标。例如，人工智能技术可应用在人员招聘及各岗位人员绩效数据评估中，而大数据技术则可根据员工的业绩状态和对个人工作状态的分析预测，进一步挖掘其潜在的专业能力。管理人员应当认识到先进技术手段对于人力资源管理工作的落实所起到的重要支持和促进作用。一方面，要提高管理岗位人员的创新意识，提升其应用先进技术手段的能力。另一方面，也应当从各岗位人员的角度出发，加大宣传推广力度，让大家认识到先进技术手段应用于人力资源管理中的优势，为取得更好的技术应用效果、充分发挥先进技术在人力资源管理中的作用提供良好的环境。

（三）以人才培养为目标拓宽管理视野

人力资源管理的目标不仅在于对既有的人力资源进行有效的管理，还强调对人才综合素质水平的不断培养和提高。在数字经济背景下，人才竞争的激烈程度显著提高，人力资源管理工作也需要认识到人才在市场环境中竞争日趋激烈的发展趋势，注重人力资源管理工作的落实，一方面向外要引进人才，另一方面向内要培养和留住人才。因此，单位应建立完善的人才管理体系，设置针对性的激励机制。

具体来说，以人才培养为目标拓宽管理视野，需要做好以下几方面工作。

一是应当从聘任渠道人才考核的角度出发实现不断创新优化，积极引进素质过硬、能够适应工作需求的专业人才。同时，对于现有的人力资源管理队伍实现结构和岗位比例方面的优化，制订有针对性的人才培养计划，并且为不同岗位的人员制定相应的职业规划方案。

二是应当从构建激励机制的角度入手，提高对团队内部优秀人才的重视程度。一方面要为他们提供更加广阔的发展平台，满足他们对个人职业规划的需求。另一方面要从薪资水平、深造学习等角度入手，为专业人才提供更加丰富、更加专业的平台，激发基层工作者的专业潜力，发挥基层工作者参与实际工作的主观能动性，在激烈的市场竞争下有效提高人才质量。

三是要拓宽视野，积极借鉴兄弟单位或部分新兴单位在人力资源管理工作中所应用的先进技术方法和管理思路，为取得更好的人力资源管理工作成效奠定基础。另外，基层管理人员应当不断提高个人的专业水平，以适应数字经济时代人力资源管理工作的要求。

二、数字经济时代优化人力资源管理的路径

（一）创设良好的信息化管理环境

创设良好的信息化管理环境主要是指，在信息技术和数字化平台引入人力资源管理工作中进行应用时，需要首先创设良好的信息化管理环境，保证各岗位人员适应信息化管理要求并提升信息化管理能力。同时，单位自身也应当通过落实好基础设施建设，保证信息化平台系统稳定运行，为全面收集整理数据信息、有效利用各类数据信息落实人力资源管理工作提供支持。

具体来说，创设良好的信息化管理环境需要把握以下几个要点。

第一，实现传统人力资源管理流程与信息化流程的有机结合。通过借助人力资源管理系统对人力资源管理的部分工作环节进行优化，实现将传统的人力资源管理模式转变为以信息技术为支撑的自动化管理模式。例如，人员招聘环节、人员信息的获取和各类信息的采集可基于信息化平台，利用在线系统进行采集分析，从而提高各类数据采集分析的效率，保证信息数据采集的全面性。

第二，加大对多源数据的治理力度。对人力资源管理工作而言，数据是反映管理工作质量的关键指标，也是为管理工作落实提供依据的重要条件。因此，单位应当基于信息化环境的建设，注重对数据进行有效治理。一方面，要注重制定合理有效的数据筛选标准和管理标准；另一方面，应制定从数据采集到运用的标准化工作流程，保证数据信息可靠可用。

（二）提升管理人员数字化技术应用能力

数字经济时代管理工作的落实需要管理人员能够适应数字应用场景、掌握先进的技术手段。具体来说，提升管理人员数字化技术应用能力时，需要从以下几方面采取措施。

一是应当加大人员管理和数字化技术的宣传推广力度。对于人力资源管理部门来说，传统的管理工作落实主要依靠管理制度和各部门协同背景下的管理措施，从而达到预期目标。在数字化背景下，各部门管理者的协同工作力度都会进一步加大，交流紧密度也有所提升。因此，人力资源管理人员应当充分借助信息化平台和数字化技术，为分析各岗位人员的工作状态及工作绩效指标提供依据，并在此基础上进一步利用在线沟通平台与多部门形成协同沟通的模式，为及时发现人力资源日常管理工作中的问题，采取有效的管理措施提供依据。

二是应当注重提升管理人员对数据分析技术和人工智能技术的应用能力。通过组织理论培训、开展实践教育和案例分析等方式，帮助人力资源管理者把握不同类型的先进技术平台应用方法。同时，鼓励各岗位人员基于各类型数据的分析结果，对现阶段的管理工作成效进行分析研究，为进一步以数据为基础明确管理目标、加大管理力度提供支持。

三是应当从创新思维能力和创新实践能力两方面对人力资源管理人员进行培训，增强他们在落实管理工作时的思维灵活性和创新性，以便适应不断变化的外部环境。管理岗位人员从理论到实践两方面提升和优化数字化技术应用能力，也是保证其更好地完成人力资源管理工作任务的重要条件。

（三）优化人才招聘培养体系

优化人才招聘培养体系主要强调工作的落实，要从人才引入渠道、人才引入后的能力提升两方面入手，优化工作成效、提升工作质量。

具体来说，为了优化人才招聘培养体系，单位应当从以下几方面采取措施。

首先，应当制订科学完善的人才招聘计划。根据单位的战略发展要求和业务发展要求，对各岗位人才数量要求和质量要求进行明确，有针对性地发布人才招聘计划。在招聘工作中对人员的专业技术能力、特色性技术能力及综合素质等方面进行全面考核，选拔出符合单位需求的高素质人才。

其次，应当完善人才对内的培训工作体系。针对不同岗位人员应制订专项培训工作计划，如从职业发展、职业能力提升以及思想道德水平提高三方面入手制订针对性的培训管理计划，采取有效的培训管理措施，提高员工的综合素质。培训内容中的技能应包括专业技术能力、管理能力、与客户沟通的能力及团队协作能力等。只有从多角度入手进行综合考量，并且制定各环节的培训工作全方位策略才能够达到提高专业人才综合能力素质的目标。

最后，应当构建多渠道的人才培养机制，除了依托传统的内部培训和外部学习两种途径提高管理人员素质水平外，单位还可利用在线网络平台和实践交流活动，为取得更好的人才培养工作成效提供支持。

（四）加大绩效管理工作力度

绩效管理工作对人力资源管理极具现实意义。加大绩效管理力度应从以下几个方面入手。

一是单位应当首先以绩效管理为目标，完善传统的制度体系并加入绩效考核指标，再匹配制定以绩效考核为目标的制度内容，对考核标准和管理制度内容进行全面细化，发挥制度与绩效管理相互配合的作用。

二是要加大对绩效管理实施效果的监督力度，保证绩效管理制度有效执行。具体来说，管理人员应当从各部门的日常工作管理和监督入手，应用绩效管理工作指标，保证各部门基层员工和管理者协同落实具体工作，按照绩效考核指标的要求，及时对各部门的绩效考核结果进行评估和反馈，及时发现绩效考核模式在应用时存在的问题，以保证各岗位人员积极遵守绩效考核制度，发挥好绩效考核制度的科学性、客观性。

总之，在数字经济时代，优化人力资源管理工作需要从人力资源管理的各环节入手，并采取针对性的措施。

第三节 绿色人力资源管理的创新思考

一、绿色人力资源管理概念的来源

绿色人力资源管理（GHRM）理念自2000年之后引起研究者的关注。国内外学者将职位分析、招募、培训开发、绩效管理、薪酬福利、员工关系管理等各个职能层面都纳入到了绿色人力资源管理的研究，由于理论研究时间较短，学界对于绿色人力资源管理的准确定义及内涵尚未有统一的观点。

（一）源于可持续发展理论＋环境管理

“可持续发展”来源于1987年联合国世界环境与发展委员会的研究报告，“既满足当代人的需要，又不对后代人满足其需要的能力构成危害的发展”这一定义得到广泛认可。在可持续发展观点提出后，人力资源领域逐渐引入可持续发展理念和环境管理理念，并由此产生了绿色人力资源管理，强调在满足单位和社会需要的同时，不对环境造成危害，以期促进单位的可持续发展。

（二）源于绿色思想＋现代人力资源管理

“绿色”作为一种管理思想，萌芽于20世纪50年代。绿色治理、绿色技术、绿色产品开发、绿色生产、绿色营销、绿色回收等诸多绿色管理思想应运而生。

绿色人力资源管理体现在绿色人力资源管理功能性活动、绿色关系、绿色能力三个方面。

魏锦秀等认为，绿色人力资源管理是将“绿色”理念融入人力资源管理，从而形成的一种新的管理理念和管理模式，采用符合“绿色”理念的管理手段，实现心态和谐、人态和谐和生态和谐的三大和谐，为单位带来综合效益，实现单位和员工的共同、可持续性发展。在该理念模式下，绿色人力资源管理不仅关注环境，更关注作为能动性资源的“人力资源”绿色化。①

刘先涛等（2014）定义绿色人力资源管理为：以低碳经济为基础，融合绿色经济理论、和谐管理理论、可持续发展理论及生态系统理论的有关思想，解决“非绿色”与“非和谐”问题，推动单位管理走向“绿色”“低碳”“和谐”，最终促进经济增长向低碳集约型增长的一种人力资源管理的新模式。② 在该理念下，绿色人力资源管理更加注重以人为本，对“人”的管理，为单位创造可持续发展的动力。这与魏锦秀等的观点相一致。

二、绿色人力资源管理的作用结果

从组织层面来讲，绿色导向的人力资源管理措施对于单位环保绩效至关重要。在人力资源管理实践中，单位鼓励员工在环境管理方面作出突出贡献，比如在产品研发阶段融入节能降耗、绿色环保的理念；在产品生产阶段引入绿色制造、能源控制、精细管理等，都能提高单位的环保绩效。绿色人力资源管理带来的环保绩效的提高又能进一步创造更多的有形和无形收益，较高的环保绩效可以为单位赢得“环保单位”声誉，在提升单位形象上所带来的影响不言而喻，能够促使单位获得更多的社会支持，从而提高财务绩效和经济利益。从另一角度而言，综合绩效和单位形象的提高能够让单位意识到实行环境管理可以带来更多的利益，从而促使管理者看到市场需求和机遇，并相应地调整单位战略，这在一定程度上能够促进绿色文化的形成。

从个体层面来讲，首先，员工是多种角色的承担者，员工的工作场所经历能够影响其个人家庭生活。员工在工作中参与绿色活动，会影响其在生活中的环境保护态度和行为。因此，单位实行绿色人力资源管理可以逐渐增强员工的环保意

① 魏锦秀，李岫．绿色人力资源管理：一种新的管理理念[J]．甘肃科技纵横，2006，35(2)：2.

② 刘先涛，石俊．基于低碳经济的绿色人力资源管理研究[J]．生态经济，2014，30(9)：3.

识，他们会逐渐转变和完善自己对环保的态度，进而在家庭生活中更加注重自身的环保行为。其次，具有环保倾向的员工更倾向于选择具有环保理念的单位，而在缺乏环保战略的单位中，这类员工的工作满意度会明显降低，这在一定程度上会影响单位可持续竞争优势的获得。最后，绿色人力资源管理可以提升员工的工作满意度，增强员工对单位的依赖感和归属感，进而促进组织整体战略目标的实现，实现可持续发展。

三、绿色人力资源管理的未来研究展望

通过对绿色人力资源管理相关文献的分析，认为未来至少可以从以下几个方面继续开展研究。

第一，绿色人力资源管理的定义和内涵。学者从不同的角度进行解读，或将环境管理和人力资源管理相结合形成绿色人力资源管理，或将绿色思想与现代人力资源管理相结合形成绿色人力资源管理，研究较为分散，因此清晰地界定绿色人力资源管理有其必要性。

第二，开发绿色人力资源管理相关量表。如何有效评价绿色管理提升单位经济、环境、社会效益，需要建立一个有效的测量体系，以期验证实施的效果，并可以作为实践调整的重要依据。

第三，绿色人力资源管理的本土化情境。未来的研究应该注重结合本土社会情境来进行探讨，有利于完善该领域的理论，也有利于指导不同情境下的绿色人力资源管理实践。

第四，跨学科和多视角研究绿色人力资源管理。绿色人力资源管理涵盖单位管理各个层面，未来研究可以尝试从社会学和心理学等学科及新的理论视角进行探讨。

第四节　人力资源与经济高质量发展的协调

一、我国人力资源与经济高质量发展的关系

（一）人力资源结构情况与经济发展的关系

人力资源结构指的是单位组织内人力资源的数量、受教育程度、健康水平等方面的比例，对区域内的经济发展情况有着重要影响，主要从地域分布、城乡分

布和产业分布三个方面进行研究。

1. 地域分布

人力资源的地域分布与经济发展有着重要关系，人力资源聚集的区域经济发展相对快速、良好，经济集中发展的区域其人力资源也会不断聚集，人力资源的数量和质量会不断提高，但两者并非正相关的关系，不合理的人力资源结构既会导致区域内人力资源过剩，影响进一步的经济发展，也会造成区域经济的严重不协调发展，影响我国整体的经济发展质量。我国的经济发展自改革开放以来，由于实际的发展需求、战略和区域资源的不同，长期处于非均衡发展阶段，首先发展的是东南沿海地区的经济，其次是中部地区和东北地区，最后是西部地区，而我国的人力资源的数量和质量的整体分布情况与区域经济发展情况基本吻合。

2. 城乡分布

人力资源的城乡分布和经济发展情况有着密切关系，城市的生活和工作环境更加良好，因此高质量的人力资源通常向着城市方向集中，人口数量多、受教育程度高，而农村地区的人力资源通常呈现空心化情况，人口较少、受教育程度较低。在我国城镇化进程的不断推进中，这一问题愈发严重，劳动人口进一步集中在城市之中，导致城市人力资源过剩，而农村人力资源匮乏，农村的经济发展潜力进一步受限。而乡村振兴战略的实施，其中的一项重要措施就是调整农村地区的人口结构，将高质量的人力资源配置到农村地区，利用政策鼓励人力资源向农村流转，从而提升农村的经济发展能力。

3. 产业分布

不同产业之间的人力资源结构不同，人的工作能力和劳动特征不同，也会造成经济发展能力的不同。新能源、互联网、高新技术、金融、设计、教育、医疗、管理等产业的人力资源的受教育程度相对较高，人力资源质量较高，产业价值较高，但数量严重不足；而农业、制造业、服务业等产业的人力资源的受教育程度相对较低，数量较多，但产业价值不足，发展效率和质量不高。这种现象导致了价值较高的产业的人力资源数量不足以推动产业快速实现高质量发展，而价值较低的产业的人力资源数量过剩，但质量不足，无法推动产业结构的优化改革和质量增长，难以有效促进经济的高质量发展。

（二）人力资源投入情况与经济发展的关系

人力资源的投入情况是人力资源开发的核心内容，加大人力资源的投入力度，加大其在教育、科研、单位培训和医疗卫生等方面的资源投入力度，是全面提高我国人力资源质量的重要工作，也是以高质量人力资源促进经济高质量发展的必然举措。

1. 教育投入

教育投入指的是在教育领域进行的资源投入，其主要目的是提高人的平均受教育水平和高水平知识分子的比例，让人力资源的质量得以提高、结构得以优化，为经济的高质量发展提供充足的高质量人才。经济发展良好的地区其教育投入比例相对较高，能够产出大量的高质量人才，从而进一步促进经济发展，在达到一定高度后，这个趋势会逐渐放缓，人力资源会在流动的情况下保持较高的水平；而教育投入较少的地区，本地人才产出较少，会影响地区的经济发展，造成人才外流，进一步丧失经济发展潜力。同样，教育结构也对经济发展有着影响，初等、中等和高等教育的投入比例与经济发展能力有着重要关联。一般来说，随着教育程度的提高，其投资收益在不断减少。而我国的教育结构投入相对失衡，高等教育的投入比例过高，与经济发展的实际需求不匹配，影响了经济的高质量发展。因此，加强中低等教育的投入比例是提高人力资源质量、保障经济高质量发展的有效手段。

2. 科研投入

加大科研投入是发展高新技术、提升核心竞争力、提高高等人力资源质量和数量的重要举措，是经济高质量发展的核心因素。科研投入越高，人才质量越高，科技水平就越高，经济发展潜力和市场竞争力就越强，经济发展质量就越高。部分单位的科研投入规模相对不足，整体的资源投入难以保证技术发展需求，创新和研发能力不足，人才质量和数量不足，对经济的促进作用不够明显；同时，存在对基础科学、自然科学、实验研究等方面投入不足的问题，科研投入比例失衡，研究成果的应用质量和数量不足，难以有效促进经济的高质量发展。

3. 单位培训投入

单位的工作培训对单位发展和价值增长有着重要作用，利用培训进行员工的知识和技能的继续教育，可以有效提升员工的工作能力、提升单位的核心竞争力，让人力资源的质量不断增长，从而促进经济的全面发展。单位培训投入越大，员工的能力提升就越大，人力资源的整体质量就越高。但我国的人均单位培训投入相对较低，参加培训的员工数量也相对不足，缺乏完善的培训机制保障，阻碍了人力资源的全面提升，不利于经济的高质量发展。

4. 医疗卫生投入

医疗卫生投入是保障生产安全、保障人民身体健康的重要内容，是优化人力资源结构、提升人力资源总量的重要工作。一方面是医疗卫生的总投入。总投入越高，医疗卫生条件越好，人们的身体健康水平就越高，能够更好地实现生产生活，提高生产效率和生活质量，保障人力资源的数量和质量，对促进经济的高质量发展、建设和谐社会有着重要的促进作用。另一方面是安全生产保障制度和保险制度。制度越完善，人们的安全生产和生活越有保障，能够有效保障人力资源的数量和质量，延长工作寿命、提高工作质量，对完善经济结构、完善社会制度、保障经济高质量发展有着重要价值。

（三）人力资源配置情况与经济发展的关系

人力资源的流动和配置情况对经济发展有着重要影响，提高人力资源配置的效率和科学性，能够有效提升人力资源的管理和使用质效，平衡人力资源流动结构，保障区域经济的协调发展，激发人力资源的管理活力，为经济的高质量发展提供人才支持。

1. 产业间配置

人力资源在不同产业间的流动和配置，会由于产业效益、工作环境、收入和整体经济环境的变化而产生变化。某个产业得到了大力发展的机会，会产生大量的就业岗位和人力资源需求，其工作收入必然会上涨，符合条件的劳动者必然会大量聚集在这一产业之中，进一步促进产业发展。在这一过程中，会有其他产业的人员流动到这一产业之中，导致其他产业的人力资源不足，影响产业发展。而整体的经济发展情况会由于各产业之间的相互影响而产生波动。一般来说，具有发展潜力、需要大量人力资源的产业相对发展能力较强，会有效促进整体经济的发展，但也可能会导致区域经济的产业结构失衡，进而影响整体经济的发展活力和平衡，形成短期的经济爆发后，导致后续长期的经济低迷，影响经济的持续发展。而某产业的人员过剩既会导致其工作环境和收入降低、竞争压力过大，又会导致人力资源向其他产业流动，形成行业中的人力资源动态平衡配置。

2. 地区间配置

人力资源在不同地区之间的流动和配置，通常会随着地区的经济发展水平而变动。有知识、有技能的高质量人力资源会主动向着经济发达地区流动，而低水平的人力资源也同样如此，只是两者的工作岗位、层次和收入有所不同。

经济发达的地区会提供较多的、收入较高的岗位，吸引人才入驻，从而进一步提高竞争力，促进地区的经济发展。但经济欠发达地区会陷入人才不断流失的境地，导致经济难以发展，地区竞争力日渐降低，更加留不住人才，形成恶性循环。因此，加强对人力资源在地区之间的合理配置的管理是提高经济发展质量的重要工作。

二、优化协调人力资源促进经济高质量发展的措施建议

（一）增强对人力资源开发的重要性认识

人力资源具有社会性、能动性、增值性和可开发性等相关特征，是动态发展的社会资源，受到了多方面的影响和制约。人力资源开发是一项系统性、持续性的工程，需要政府进一步增强对人力资源开发的科学认识，提升人力资源开发能力，构建长期、动态、科学、可持续发展的人力资源开发体系，制定并严格落实开发政策，从宏观全面的角度进行人力资源开发规划，从细致微观的角度制定开发措施，以经济的高质量发展为主要目标，在区域经济可持续发展的基础上，进行整体的人力资源开发政策和规范的制定，对实现我国经济的高质量发展有着重要的指导意义。

（二）加大人力资源开发的投入力度

1. 加大基础教育投入力度

进一步加大基础教育投入力度，培养更多的高质量、高素质，具有创新能力的基础人才，全面提高中低端人力资源的数量和质量，对优化人力资源结构有着重要作用。我国目前的中低端人力资源数量和质量都相对不足，一方面是缺少足够的制造业一线员工，不利于制造业的规模扩大和结构改革；另一方面是缺少优质的、具有增值性和开发性的一线员工，中低端人力资源本身缺乏自我价值提升的意愿和能力，导致我国的产业结构调整难以有效推进，经济的高质量发展缺乏重要的劳动力。因此，加大基础教育投入力度是实现我国经济高质量发展的必然举措。

2. 加强高等教育结构改良

改良高等教育结构和教学模式，让高校培养更多的具有创新能力和实践能力的人才，是提高我国经济的核心竞争力和高端人力资源数量的重要工作。首先，

高校要依据实际的经济发展需求调整学科设置和招生比例，防止冷门专业学生数量过剩、学生学习的专业知识无法找到对口工作、对口岗位数量不足等问题的出现。其次，高校要优化实践课程的设置，与单位合作建设实践基地，加大对学生的创新和实践能力的培养力度，为经济的高质量发展提供充足的应用人才。最后，高校要加强对产学研体系的优化改良，构建具有实效性的合作平台，为技术的研发和应用搭建好供求渠道并完善激励制度，进一步提升教育对经济高质量发展的促进和保障价值。

（三）加强人力资源共享平台建设

政府要加强人力资源共享平台建设，利用先进的信息技术打造共享平台，打破人力资源的地域和信息隔离，进一步提高人力资源流动效率，提高人力资源管理质量，全面提高人力资源的配置和管理效率，为经济的高质量发展提供人才动力。一般来说，单位主要通过媒体平台和人才市场进行人才招聘，而劳动者通常会通过熟人介绍、传单、网络招聘等形式进行应聘，而不同层次的劳动者其应聘需求和渠道也各不相同，这对人力资源的高效率流动和配置造成了一定的阻碍。

政府部门可以搭建人力资源共享平台，将人力资源信息和招聘信息进行全面的整合，通过大数据技术分析多方面的招聘和应聘需求，并进行针对性的信息推送，以极大地提高招聘和应聘效率，为人力资源的优化配置提供强大的助力，从而为经济的高质量发展提供人才支持。

（四）强化人力资源流动保障

1. 保障人力资源跨产业流动

我国正在持续推进产业结构的全面改革，在改革过程中，很多不符合规定的产业、单位的规模和岗位会产生缩减或调整，造成一定的结构性失业问题，影响部分劳动者的就业。因此，政府要加强对人力资源跨产业流动的制度保障，为失业人员提供必要的生活保障，促进失业人员再就业发展，为我国经济的高质量发展提供稳定基础。一方面，政府要加强失业保障制度建设，加大失业保险的覆盖范围，让失业人员有底气、有时间提升自己或找到合适的就业岗位，为经济的稳定发展提供保障。另一方面，政府要加强对失业人员的再培训机制建设，提高再培训的质量、扩大再培训覆盖范围，让更多的失业人员能够快速掌握就业能力，在新的产业中得到就业岗位，为我国的经济高质量发展提供保障。

2. 保障人力资源跨区域流动

我国的区域经济失衡问题相对严重，政府要加强对不同区域之间的人力资源流动调控，尽可能让人力资源和区域经济实现协调发展，从而全面发挥各区域之间的资源优势，推动区域互补，为经济的高质量发展提供全面性、协调性支持。一方面是调控人力资源的大范围地跨区域流动，政府通过宏观政策调整，将东南沿海地区的过剩人才利用政策调控吸引到欠发达地区，通过增加收入、改善住房环境、提供发展机会等方式，提高经济欠发达地区的人力资源质量，实现区域协调发展，为整体的经济高质量发展提供帮助。另一方面是调控人力资源的城乡跨区域流动，加大农村地区的教育投入，加强社会保障体系和基础设施建设，缩减城乡差距，强化乡村振兴战略的不断落实，增加乡村的就业机会，为乡村经济发展提供高质量的人才助力，推动我国经济的全面高质量发展。

总之，人才是发展的核心动力，人力资源是我国经济实现高质量发展的基础。人力资源和经济高质量发展具有深刻、科学的逻辑关系，通过对两者之间的影响因素及我国人力资源和经济发展现状的深入研究，优化调整我国的人力资源开发体系，对实现我国的人力资源和经济的高质量、协调发展有着良好的促进作用。

第七章　财务会计与人力资源管理的融合

财务会计与人力资源管理作为组织管理的两个重要方面，对于提高组织整体管理水平具有重要意义。本章将探讨财务会计的内涵与特点，目标与任务以及内容、原则与方法，并分析财务会计准则在人力资源管理中的应用与影响。

第一节　财务会计的内涵及其特点

财务会计是指管理本单位的财务活动、处理财务关系的一项经济管理工作。因此，要了解财务管理，必须先分析了解财务活动及财务关系。

一、财务活动

财务活动是指单位围绕资金收支所展开的一系列财务运作的总称，直接关联于单位的管理社会公共事务、协调公共利益及满足公共需求的职能实现过程。从本质属性来讲，作为政府职能机构或其延伸部分，这些单位不以追求盈利为目标，而是着眼于加强国家政权建设、推动国家各项建设事业的发展。在此框架下，财务活动成为支撑单位运作的基石。没有资金的有效流动与合理支配，即缺乏必要的经费支持，单位将无法从市场获取必需的设备、物资及材料，进而直接影响到其职能的履行与任务的完成。财务活动主要包括以下三个方面。

（一）财政资金收支活动

预算包括公共预算和单位预算两种。公共预算即国家预算，是经法定程序批准的政府年度收支计划，不仅直接反映政府的收支情况，往往还间接地反映了政府的职能与任务。单位预算是国家预算的基础，是国家财政部门和单位之间预算资金缴拨的依据，也是单位开展各项财务活动的基本依据。财政部门要根据核准后的预算向各单位拨付经费，并根据有关的财务制度、财经纪律及单位预算，对各单位的财务收支活动进行管理和监督。各单位则应根据核准后的预算，按规定的收费项目、范围和标准积极组织征收，并根据预算合理安排各项资金支出，办理各项财务活动。单位预算资金的取得与使用过程中产生的各项收支活动，就是单位财政资金收支活动。

（二）其他非税资金收支活动

国家机关单位、社会团体、具有行政管理职能的单位主管部门和政府委托的其他机构，为履行或代行政府职能，依据国家法律、法规和具有法律效力的规章而收取、提取、募集和安排使用的其他各种财政性资金中的相当一部分是凭借政府职能实现的，所以属于政府资金，资金的所有权属于国家，而不是有关部门或单位的自有资金，必须纳入财政管理，由财政部门通过财政专户统一核算，集中管理。各单位应严格按国家规定的收费范围和收费标准，积极组织征收，并按规定的时间及时上缴同级财政专户，然后，按其他非税资金收支计划和单位财务收支计划，合理安排资金的使用。其他非税资金的取得与使用所产生的资金收支，便构成了单位其他非税资金收支活动。

（三）经营收支活动

单位资产配置领域的非生产性、资金来源的非直接性、资金使用的服务性与非增值性，决定了单位资产的非经营性。但是，很多单位为了合理配置和有效利用各种资源，增加单位收入，在保证开展专业业务活动、不影响正常事业计划完成的情况下，往往利用闲置的场地、房屋、设备等依法开展经营活动，从而将这些非经营性财产转作经营性财产。这些转作经营性使用的资产，与单位经营资金一样，一旦进入经营过程，就开始了资金的循环和周转，并将实现利润，然后还要按一定比例将利润在国家、单位之间进行分配。在这个资金循环过程中，同样会发生一系列的资金收支活动，这些资金收支活动，便是单位的经营活动。

上述三个方面的财务活动，不是相互割裂、互不相关的，而是相互联系、相互依存的。其中，财政资金收支活动是财务活动的主体，是单位履行职责、完成行政事业任务的重要保障。其他资金收支活动是财政预算的补充，对正确处理和调整中央与地方、国家与单位、国家与职工个人之间的利益分配关系，调动各方面的积极性，促进社会主义生产和建设事业的发展具有重要意义。经营收支活动，是单位适应市场经济的发展，改善单位经济条件，增强单位活力，逐步走向市场的一种有效途径。

二、财务关系

财务关系是各单位在组织和管理本单位财务活动的过程中与有关各方之间的经济联系。单位的各种资金收支活动与有关各方有着广泛而密切的联系，可概括为以下六个方面。

（一）与政府的关系

这主要是指单位与政府之间预算资金及其他非税资金的上缴下拨所形成的资金分配关系。单位各项活动的非营利性决定了它们开展业务活动、完成工作任务所需的资金主要由政府来保证，由国家预算来供给。财政部门是政府分配财政资金的机关，是统一管理政府资金的职能部门，因此，单位与政府之间的财务关系其实就是单位与财政部门之间的关系。单位的性质决定了它与财政部门之间必然有着密切的联系，主要表现在：单位预算和决算由财政部门或主管部门审批，财政补贴收入由财政部门拨付，年终结转结余上缴国家预算（国家财政），财政资金的收支主要由财政部门管理和监督。此外，财政部门还是其他非税资金管理的职能部门。财政部负责其他非税资金管理的政策、制度的制定工作，对其他非税资金的运行进行宏观调控；地方财政部门则是其他非税资金的直接管理机构，具体负责其他非税资金管理办法、制度的制定，并对制度的执行情况进行监督，负责管理与本级政府部门直接发生缴拨款关系的各单位其他非税资金的收取、安排和使用，并对其他非税资金收支计划和决算进行审批。各单位应服从财政部门的管理和监督，该上缴的各项资金要按规定及时、足额上缴。单位与财政部门之间的财务关系，体现着国家与其职能部门之间财政资金上缴下拨的关系。

（二）与其他职能部门的关系

这主要是指单位与计划、银行、物价、审计、劳动、税务等部门之间的经济关系。各单位是其他非税资金管理的执行单位，而各级计划、银行、物价、审计、劳动、税务等部门是和其他非税资金管理有关的部门。例如，银行部门是我国信贷、现金出纳和结算中心，在我国现行的“专户储存，计划管理，财政审批，银行监督”的其他非税资金管理方式下，为更好地管理各单位其他非税资金收支活动，必须加强银行的监督管理。其他职能部门，如物价、审计、税务等部门也都在其他非税资金管理活动中发挥着巨大作用，与各单位的预算外收支活动有密切关系，彼此之间常常会发生资金的往来与结算。这便构成了单位与其他职能部门之间的财务关系。

（三）与上下级单位的关系

上级单位作为单位的行政领导部门，与单位不仅存在行政及业务领导关系，还往往存在着密切的资金往来关系：单位的收入一部分来源于上级补助，而单位通过某些渠道取得的部分收入又要按规定上缴上级单位。同样，作为所属下级单位的上级单位，单位为了保证下级单位各项工作的顺利开展，通常要向下级单位拨付一定的资金，作为其事业经费，同时，又要按规定向下级单位收取部分收入。单位与上下级单位之间资金上缴下拨所引起的资金收支活动，就构成了单位与上下级单位之间的财务关系。这种关系体现了上下级单位之间领导与被领导、管理与被管理的关系。

（四）与组织内部各单位的关系

单位内部各单位指的是单位内部各职能部门。这些部门各自承担着不同的任务与职责，彼此分工协作。在实行内部经济核算制的条件下，各部门常常是既有相对独立的资金收支活动，彼此间又有着密切的资金往来，相互要进行资金结算。单位内部各部门之间的这种资金结算关系，体现了单位内部各单位之间的利益关系。

（五）与本单位员工的关系

这主要是指单位在向本单位员工支付劳动报酬的过程中所形成的经济关系。单位要按规定的工资等级和标准向职工支付工资、津贴，按规定的开支标准支付奖金、福利，还要按规定的补贴标准支付出差补贴、下乡补贴等。单位与员工之间的这些资金结算关系，构成了单位与本单位员工之间的财务关系。

（六）与其他各有关方面的关系

这主要是指单位在开展工作，提供公共产品、公共服务的过程中与其他有关各方发生的资金往来关系。例如，单位要实现政府职能，提供公共产品，进行各项建设事业，需要大量的钢材、水泥、石油等生产资料。在购买过程中，会发生债权债务往来及资金的结算；在公共产品购建或提供过程中，会与承建方发生劳务费用的结算；若公共产品和公共服务为有偿提供，还会与商品使用者发生收付费关系。所有这些方面都与单位有着密切的资金往来关系，构成与单位的财务关系。

三、财务会计的主要特点

单位是以管理社会公共事务、协调社会公共利益关系为目的的组织，是国家职能的承担者，是国家为满足社会公共需要而成立的。它不以营利为目的，主要从事一些非营利性的活动。因此，多数单位自身并没有什么收入，即使某些单位根据国家有关规定可自行组织一些活动，往往也是收不抵支，难以满足单位各项经费支出需要。这就决定了单位的支出不可能通过自身资金的循环和周转得到补偿，决定了单位从事各项业务活动、完成工作任务，必须有国家财政的支持，必须由国家财政拨付全部或部分经费。单位资金运动的上述特点，决定了单位的财务会计具有如下五个特点。

（一）政策性强

单位作为国家职能的承担者，其各项活动与国家的社会主义现代化建设和人民群众的物质文化生活密切相关。同时，各单位的业务经费主要由财政拨款。所以，财务活动体现着国家的财政方针政策，体现着国家支持什么、反对什么、鼓励什么、限制什么，体现着政府的意图。它们的一收一支，包括哪些可收、哪些不可收，哪些该收、哪些不该收，哪些可减收，收多少、怎样收，以及哪些可支、哪些不可支，哪些该支、哪些不该支，支多少、怎样支，都有明确的规定，都带有极强的政策性。因此，各单位在办理各项收支业务时，要严格遵循有关的收支范围和收支标准，严格执行各项财务规章制度及财经纪律，依法理财，合理、有效地使用每一笔资金，以保证各项事业的顺利开展。

（二）以预算管理为中心

预算管理是财务会计工作的中心。各类单位每年年初都要根据事业发展计划和单位工作任务安排编制单位年度预算，并按一定程序报有关部门审批。审批之后，单位预算就成为财政部门管理各单位财务收支活动的依据。财政部门一方面根据单位预算向其核拨经费；另一方面，又通过预算管理，将单位的各项财务收支纳入预算，统一核算，统一管理。从各单位角度来看，各单位预算经有关部门审批之后，同样成了本单位办理财务收支业务及其他各项财务活动的重要依据。单位各项财务收支活动都要按预算执行，其他各项财务管理工作也主要围绕单位预算来展开。因此，预算管理是财务管理的中心，在各项财务管理工作中起着主导作用。要提高财务管理工作质量，必须切实加强预算管理。

（三）经费来源的无偿性

单位主要依靠国家财政，由财政部门通过预算向单位分配财政资金。财政分配的无偿性决定了各单位获得的经费也具有无偿性，而且单位作为国家职能的承担者不以营利为目的。它们为社会提供的公共服务往往是低价的，甚至是免费的，它们的各种消耗很难通过自身的经营活动进行补偿。这客观上也决定了其完成各项事业任务所需经费必须由国家无偿供给。虽然也有少数单位的经费是通过社会捐助、非营利性服务收费等方式从社会取得，而不由国家财政拨款，但其经费来源同样具有无偿性。当然，各单位在财务活动中，不能因为经费是无偿的就大手大脚，想花多少就花多少，想怎么花就怎么花，而应严格执行国家的各项财务制度及财经纪律，严格按照国家的有关规定及标准办理各项收支活动，认真贯彻勤俭节约的原则，把国家的每一分钱都用到该用的地方，提高资金的使用效益，合理利用有限的资金。

（四）涉及面广

作为管理社会公共事务、协调社会公共利益关系、实现国家职能的组织，单位遍布全国城乡，它们的活动关系着经济的发展、社会的进步，与广大人民群众的生产、生活紧密相连。比如，各级行政机关（政府组织）的活动直接关系国家的安定团结、国家各项建设事业的发展和政府意图的实现；工、交、商、贸及农、林、水、电等单位的活动直接或间接地为社会生产服务；学校、医院、艺术团体、新闻机构、社会福利机构等单位及消费者协会、行业协会等社会团体的活动直接为人民生产、生活提供服务。总之，各类单位不仅分布范围广，而且涉及面极广，它们的活动与国家社会、政治、经济生活的方方面面，与人民群众的生产、生活紧密相连。财务会计是为单位开展各项业务活动服务的，所以，财务会计的范围也非常广泛，不仅深入全国城乡的每个角落，还深入单位活动的方方面面。这就要求各单位切实加强财务活动的管理和监督，要求财务工作者要本着认真负责的态度，将财务工作做深做细，办好每一项收支业务，用好国家的每一分钱，切实把国家的方针、政策落实到每一个角落。

（五）类型多样化

单位种类繁多，各具特色。从职能范围来看，它们广泛涉及社会管理、公共服务、教育科研、文化卫生等多个领域；从业务活动性质上，既有直接提供公共服务的，也有间接支持社会发展的辅助性、服务性工作，涵盖公益性和非营利性活动；从经费来源上，部分单位由国家财政全额保障，部分享受部分财政补助，还有部分依靠自筹资金或社会捐赠等多元化渠道维持运营。此外，在公共产品及公共服务的提供方式上，有的实行免费服务，有的则根据成本原则收取一定费用。

由于各单位性质、业务特点及财务收支状况差异显著，其对财务会计工作的需求也各不相同，这体现在预算编制、资金运作、财务成果管理等多个方面。因此，在财务会计实践中，必须坚持实事求是的原则，在严格遵守国家统一财务制度的基础上，紧密结合单位实际情况与具体需求，灵活制定适宜本单位的财务会计核算体系。针对不同类型单位，应采取差异化的管理策略与方法。

特别是在当前社会转型与治理体系现代化的背景下，各类单位的类型、运作机制及管理方式均在不断探索与调整之中。这要求财务会计工作必须高度契合实际，避免“一刀切”的简单化处理方式，拒绝盲目照搬照抄，而应注重创新与实践，实行更加科学、灵活且高效的管理模式。

第二节　财务会计的目标和任务

财务会计的目标及任务是财务会计理论的基石，它决定着财务会计的方向、内容和方法等，要学习、掌握财务会计理论与实务，首先必须探讨财务会计的目标和任务。

一、财务会计的目标

财务会计的目标是财务活动所希望实现的结果，是评价单位财务活动质量的基本标准，是单位财务实践、财务决策的出发点和归宿，也是财务会计的行为导向。[①] 单位的一切财务活动都是围绕这个目标而进行的。

财务会计的目标是努力增收节支，合理安排支出结构，严格控制经费支出，提高资金使用效益，充分利用有限的资金。

随着我国社会主义市场经济体制的逐步建立和完善，国家各项建设事业的全面展开和深入进行，一方面，各行各业、各部门、各单位对资金的需求猛增；另

① 罗晓华 . 公共部门财务会计 [M]. 上海：复旦大学出版社，2015：16.

一方面，由于受经济、科技发展水平及国家财政政策等因素的影响，国家财政收入增幅有限，国家财政资金的供给与需求之间的矛盾异常突出，需求常常大于供给。这种情况不仅要求各单位加强管理，改善经营机制，提高利润水平，增加收益，同时对各类单位资金的管理和使用提出了更高的要求。各单位应切实加强财务管理工作，各项财务活动都应紧紧围绕努力增收节支，合理安排支出结构，严格控制经费支出，提高资金使用效益，充分利用有限的资金这个目标来进行。

二、财务会计的任务

财务会计作为单位管理的核心环节，承担着确保资金安全、提高经济效益、促进事业发展的重要职责。以下将详细阐述财务会计的五大主要任务，旨在通过科学管理与严格监督，推动单位各项事业计划与工作任务的顺利完成，同时实现财务活动的规范化、法治化，为单位的长远发展提供坚实保障。

（一）加强预算管理，保证各项事业计划和工作任务的完成

加强预算管理，有利于国家有关方针、政策的贯彻执行，有利于优化财务资源的配置、合理安排和使用各项资金、提高资金使用效益，有利于促进各项事业的发展、加强政权的建设。因此，预算管理是财务会计工作的中心，是各单位事业计划和工作任务完成的保证。要提升财务会计工作的整体效能，强化预算管理是核心要素。这需依据国家相关规定，秉承实事求是、科学合理的原则精心编制单位预算，并严格确保审批后的预算得到有效执行。在预算的编制与执行过程中，要处理好预算资金与其他非税资金、行政性支出与业务性支出、维持性支出与发展性支出、重点性支出与一般性支出之间的关系，做好预算管理工作。

（二）加强收支管理，提高资金使用效率

收支管理是财务会计的重要内容，是单位预算顺利实现的保证，是财务会计的基础。加强收支管理，有利于单位增收节支、合理安排资金、有效使用资金、提高资金的使用效益。其中，收入管理主要是对收入项目、标准及收入进度等进行管理，支出管理主要是对支出项目、范围、标准等进行管理。各单位应严格执行有关的财务制度，严格按照规定的范围和标准，办理各项收支，既要努力挖掘潜力、增加收入，又要精打细算、节约使用资金，合理安排支出。同时，还要加强对收支情况的分析研究，不断总结经验，改进收支管理工作。

（三）加强资产管理，防止国有资产流失

国有资产是各单位开展业务活动、完成工作任务不可缺少的物质条件。加强国有资产管理是财务会计管理的重要内容。通过国有资产管理，能够保证国有资产的安全完整，防止国有资产流失，还可挖掘财产物资的潜力，做到物尽其用。对单位资产进行管理，首先要切实防止重钱轻物的思想，不仅要把钱管好，还要把物管好。在实际工作中，要贯彻“统一领导，分工管理，层层负责，合理调配，管用结合，物尽其用”的原则，对于各项财产购进要有计划，储备要有适当的定额，验收要认真负责，使用、保管要有责任制度，购进、发出、报废、报损、出售、转让手续要完备，财产记录要健全，账账、账实要相符。

（四）按规定及时编报决算，如实反映单位财务状况

单位会计报表是总括反映单位一定时期内预算收支执行情况和资金活动情况的书面报告。会计报表是单位领导全面、系统地了解本组织的财务状况和业务活动情况，考核、分析单位计划及有关方针政策的执行情况，从而作出正确的预测与决策的重要依据，同时也是国家有关管理部门了解单位财务状况，对单位活动进行分析、评价、管理和监督的重要依据。因此，各单位应在规定的时间内，真实、完整地编报决算。

（五）加强财务分析与财务监督，保证单位各项活动的合理性与合法性

财务分析与财务监督是财务会计工作的一项重要任务。加强财务分析与财务监督有利于国家有关方针、政策、财务制度和财经纪律的贯彻执行，有利于单位工作计划和财务收支计划的顺利完成，有利于单位挖掘潜力、增收节支、提高资金使用效益，有利于及时掌握财务活动状况，为财务决策提供依据。单位应建立一套符合自身特点的财务分析体系，运用各种分析方法对财务活动的各个方面进行全面分析，以找出工作差距，提出改进意见和措施。财政部门、主管部门和单位领导还要科学运用各种监督手段，对各项财务活动的合法性、合理性、真实性及财会资料的准确性、完整性等进行监督，以保证财务制度及财经纪律的切实执行。

第三节　财务会计的内容、原则与方法

一、财务会计的内容

财务会计研究的是资金的分配筹集、使用以及经费支出是否符合预算，是否有利于促进各项事业发展和国家政权建设，是否有利于社会财力的充分利用等问题。具体来说，财务会计包括以下十四项主要内容。

（一）预算管理

单位预算是单位根据国家的方针政策，按照国家规定的工作任务和事业发展计划，依据定员定额和收支标准编制的计划期内的财务收支计划，是单位开展各项活动的基本计划。预算管理主要通过单位预算的编制、审批和执行，对单位各项财务收支计划进行管理，是财务管理的中心。

（二）计划管理

计划管理是指对单位预算以外的其他计划进行管理，如对预算外资金收支计划、固定资产计划、流动资金（周转金）计划、专用基金计划等的管理。单位各项计划与预算一起，约束着财务活动的方向和规模，是财务管理的重要内容。

（三）收入管理

收入是指各单位为开展业务及其他活动，依法通过各种形式、各个渠道获得的非偿还性资金。收入管理主要是根据国家有关方针政策，对收入的方式、项目、范围、标准、用途、手续、办法及收益分配进行的管理。加强收入管理，对于促使各类单位照章收费，调动单位的积极性，增加经济效益，提升经费自给能力，减轻国家负担具有积极意义。

（四）支出管理

支出是指各单位开展业务及其他活动发生的各项资金的耗费及损失。支出管理主要是根据制度规定和批准的单位预算，按现行的开支标准和有关法规，对支出的项目、范围、标准进行管理，敦促各单位合理、节约使用资金，少花钱，多办事。

（五）定员定额管理

定员定额是根据各单位的规模、业务工作量、工作任务和特点，通过科学的运算，对单位人力、物力、财力和人工工效等方面确定的定额比例。它是资金筹集、使用、分配的标准，是财务管理的准绳。定员定额管理主要是通过单位人员编制和各项定额的制定、执行和检查，对单位的人员配置、资金的分配和使用进行管理。

（六）资产管理

资产是指各单位占有或者使用的能以货币计量的经济资源，包括各种财产、债权和其他权利。资产管理是针对单位的各项资产的取得、保管、使用、储备、维修、报废及清查盘点等，制定管理措施，加强管理，以保证单位财产物资的安全完整，并充分挖掘财产物资的潜力，做到物尽其用。

（七）负债管理

负债是单位所承担的能以货币计量、需以资产或劳务偿还的债务。负债管理主要是对单位的各种借入款项、应付款项、代管款项、应缴款项等进行管理。一方面，要严格控制单位负债规模，保证不影响单位业务工作的开展；另一方面，对到期债务应及时进行清理，及时偿还和缴纳，维护结算制度及结算纪律的严肃性。

（八）成本费用管理

成本费用管理是指实行内部成本核算制的单位按照有关规定，对成本开支范围、开支标准进行控制，对单位生产经营和服务过程中的各项成本、费用、税金和收益情况进行预测、计划、控制、分析、考核，以便单位合理安排和节约使用人力、物力、财力，降低成本，改善经营管理，为事业发展积累资金。

（九）投资管理

单位投资是以单位为主体、以财政资金为主要投资资金的投资活动。单位投资包括政府组织投资和非政府组织投资两部分。政府组织投资不以营利为主要目的，而是为了实现政府的政治、经济职能，是国家直接干预经济，进行宏观调控的重要方式之一，其投资方向、投资手段等均服从这一目的。非政府组织投资是指非政府组织利用货币资金、实物和无形资产等方式向其他单位进行的投资。非政府组织投资虽不构成单位业务工作的主要内容，但它是事业发展资金来源的必要补充，对提高单位的自我发展能力，促进事业更快发展具有积极意义。投资管理主要是根据政府组织和非政府组织投资目的的不同，对投资的项目、规模，投资的报批程序，投入资产的评估，投资收益的核算等进行管理。

（十）净资产管理

净资产是单位资产减去负债后的差额，主要包括事业基金、非流动资产基金、专用基金和结转结余等。它是各单位无偿占有和使用的经济资源，是各单位开展业务工作所必需的重要物质条件。净资产管理是对单位各项净资产的来源、提取、使用、周转和分配等进行管理。譬如，对各项基金来源进行管理，保证资金来源合理合法；对专用资金的提取和使用进行管理，保证专用基金专款专用，先提后用，计划使用；对单位收支结余及其分配、使用进行管理，保证结余的分配或结转严格执行国家有关规定等。加强净资产管理对于促进各项社会事业的发展和各单位工作任务的完成具有重要意义。因此，净资产管理是财务管理的重要内容。

（十一）财务清算管理

单位财务清算是单位由于发生划转撤并等原因需要终止其业务活动时，依据国家有关规定对单位的财产、债权、债务及有关遗留问题进行全面清查和处理的行为。单位财务清算管理主要包括基本情况、资产、经费和收支状况的清理，清算中各项资产盘盈、财产损失和资金转账清理核实及清算后财务处理和资产的处理。它对于加强单位财产物资的管理，保护国有资产的安全与完整具有重要的作用。

（十二）财务报告管理

财务报告是反映单位一定时期财务状况和预算执行结果的总结性书面文件。它集中反映了财务活动及其成果，是财务管理中一项极其重要的基础工作。单位财务报告管理主要是对财务报告的内容、格式、编制方法、报送时间等进行管理，促使单位认真做好财务报告的编制工作，保证财务报告的统一性、真实性、准确性、完整性和及时性，保证财务报告的质量，充分发挥财务报告的作用。

（十三）财务分析

财务分析是财务管理的重要手段和组成部分。它是根据会计核算资料和其他各种有关资料，对单位一定时期内的全部或部分经济活动过程和财务收支过程及其结果进行分析、研究、比较和评价。通过财务分析，可查明各财务管理工作中的积极因素和消极因素，促进单位挖掘内部潜力，提高经济效益，保证单位各项工作任务的完成。

（十四）财务监督

财务监督是根据国家有关方针、政策、财务制度及财经纪律，对单位的各项财务活动进行监察和督促。它包括预算监督，收支情况监督，资产管理与使用监督，专用基金、专项资金和周转金监督，以及其他方面的监督。财务监督是财务管理的重要内容，是搞好财务管理工作的重要保证。它对于各单位加强预算管理，揭示差错和弊端，改善财务管理工作，保证国家资产的安全完整，维护财务制度及财经纪律的严肃性等，具有重要意义。

上述十四个方面共同构成了财务管理的内容，其中，预算管理是中心，收支管理、定员定额管理是基础，财务分析是手段，财务监督是保证。为了做好财务管理工作，各单位应按国家方针、政策、财务制度和财经法规的规定，根据上级的要求，结合各单位的实际，确定一定时期的管理目标和重点，制订切实可行的计划，采取有效的措施和手段，管好、用好各项资金，以保证单位各项事业计划的完成，促进国家政权建设。

二、财务会计的原则

财务会计的原则是财务会计工作中应遵循的基本规范。它来源于财务工作实践，是在单位财务工作实践过程中抽象出来的，并且在实践中被证明是正确的行为规范，是对财务会计工作提出的基本要求，也是评价财务会计工作质量的标准。它反映单位财务活动的内在要求，对于规范各类单位的活动，防止各单位自行其是，确保财务会计工作的质量，实现财务管理的目标，都具有重要意义。财务会计的原则一般包括以下六项。

（一）依法理财原则

依法理财是财务管理应遵循的基本原则。市场经济本质上是法治经济，在社会主义市场经济条件下，一切经济活动都必须在法律规定的范围内运行，财务活动也不例外。单位作为政府的职能机构及政府职能的延伸，其目的在于追求公共利益的最大化。各类单位活动过程的非营利性决定了它们的活动经费主要靠政府资助，由国家预算来供给，客观上决定了单位各类资金的收支活动，比单位资金的收支活动具有更强的规范性和程序性。各单位的财务活动必须以国家有关法律、法规和财务制度为规范，坚持依法理财的原则。在财务会计工作中应牢固树立法律意识，一切财务活动都要严格依法进行，使各项财务会计工作在法制的轨道上运行。贯彻依法理财原则：首先，要根据国家有关方针、政策、法律、法规的规定，按照社会主义市场经济的要求，结合单位内部实际，加强财务会计制度的建设，形成一套科学、规范的财务工作制度；其次，在财务会计工作中，要严格执行各项财务管理制度，加强财务活动的监督检查，加大财务监督的力度，减少理财活动的随意性，揭露各种弊端及违法乱纪行为，维护财务制度及财经纪律的严肃性，做到有法可依、有法必依、执法必严、违法必究。

（二）勤俭节约原则

勤俭节约是财务管理中必须长期坚持的一项基本原则。各类单位开展业务活动所需的经费主要来源于财政拨款。从整个社会范围来看，人们对公共产品、公共服务的需求是不断发展变化、不断提高的，因此，整个社会对单位提供的公共产品、公共服务的需求是无限的，对资金的需要是无限的。国家财政资金来源受到社会经济发展水平、生产技术水平及财政政策等因素的制约，不可能无限制地扩大。因此，在一定时期之内，国家财政资金的供给是有限的，各类单位所能取得的活动经费也是有限的。各类单位要以有限的资金来满足无限的需要，就要求它们在财务活动中要权衡轻重，区分轻重缓急，优先把资金用到最重要、最需要的地方，以谋求社会公共利益的最大化。同时，在财务会计工作中应贯彻勤俭节约的原则，坚持“勤俭办一切事业”的方针，有效地使用各项资金，将勤俭节约的措施落实到资金筹集、使用和分配的每一个环节，坚决反对大手大脚、铺张浪费。贯彻勤俭节约的原则，还要求各单位做好资源的优化配置工作，根据实际情况确定合理的支出结构，精打细算，节约每一滴水、每一度电、每一张纸、每一分钱，用同样多的人力、物力、财力，办更多的事，防止资金的低效甚至无效使用，避免资金的浪费，使国家有限的人力、物力、财力发挥更大的作用，提高事业成果。

（三）量入为出原则

资金收支是单位开展工作、完成其行政及社会事业发展任务的保障，是国家政权建设的物质基础。要保证各单位事业发展和工作任务的完成，要保证各单位资金周转的顺利进行，就要求各单位的资金收支不仅在数量上，而且在时间上保持协调平衡。从数量上来说，收不抵支、入不敷出，会导致资金短缺，加重国家财政的负担；收大于支，又会造成资金闲置，不利于提高资金的使用效益，造成社会财力的浪费。从时间上来说，若收支不平衡，支出大部分发生在先，收入大部分形成在后，造成寅吃卯粮，也必然影响资金的顺利周转。因此，各单位的资金收支不仅要在数量上保持平衡，还要在每一时点上保持平衡。这就要求各单位在财务管理工作中，要贯彻量入为出的原则，在安排支出时，要先考虑收入的可能，做到量力而行与尽力而为相结合。一方面，要尊重客观规律，从财政经济的实际状况出发，充分考虑本组织的财力，有多少钱办多少事，要避免不顾客观实际，过分追求力所难及之事；另一方面，要尽力而为，在财力许可的范围内，充分发挥人的主观能动性，努力挖掘潜力，分清轻重缓急，合理安排使用资金，使有限的资金发挥最大的效益，尽力办好可办之事。在实际工作中，应把量力而行与尽力而为紧密结合起来，缺一不可。若过分强调量力而行而忽略尽力而为，容易造成消极对待工作，使可办之事不积极去办，能办好之事不积极办好，影响事业发展和工作任务的完成。反之，若过分强调尽力而为而忽视量力而行，则容易好高骛远，超越客观条件，最终事与愿违，好心办坏事，造成资金的浪费。因此，各类单位在财务管理工作中应贯彻量入为出的原则，以收定支，既要避免太大的赤字，又要避免过多的结余，努力使收支相抵。

（四）效益原则

财务活动中必须遵循效益原则，包括社会效益和经济效益。单位是管理社会公共事务、协调社会公共利益关系的组织。单位在为社会提供公共产品和公共服务的过程中，以谋求社会的公共利益为目的。单位的这个特性决定了其财务管理肩负着保证国家政权建设及保障组织完成各项社会事业发展任务的责任，决定了财务会计工作必须把社会效益放在首位。所以，单位始终要以满足全体人民的需要为主，以从事社会公益活动为主，它的一切活动都必须围绕社会效益最大化来进行，努力发展教育事业、提高科技水平、丰富人民文化生活、增强人民体质、增进社会福利、维护社会秩序、协调经济关系、促进社会的发展。当然，单位在讲求社会效益的同时，还必须讲求经济效益，力求以尽可能少的耗费取得尽可能多的成果，以尽可能少的钱，办更多的事，提供尽可能多的公共产品。在实际工作中，要把社会效益和经济效益有机地结合起来，要在努力实现社会效益的前提下，讲求经济效益，既不能片面强调社会效益而忽视经济效益，也不能一味追求经济效益而置社会效益于不顾。

（五）正确处理国家、集体和个人三者之间的利益关系原则

国家和集体之间的利益关系，体现着整体利益和局部利益之间的关系。国家与个人之间的利益关系体现着长远的根本利益与个人当前利益之间的关系。整体利益决定着局部利益和个人利益，个人利益也影响着局部工作，局部工作的好坏，又影响着全局工作的好坏。因此，各单位在财务管理工作中必须处理好三者之间的关系。对国家、集体和个人的利益都必须充分考虑，相互兼顾，既要防止过分强调集体利益和个人利益而忽视国家利益，又要防止单纯强调国家利益而不顾集体、个人的利益。为此，政府组织以外的各单位在财务管理工作中，在不违反财务制度及财经纪律、不损害全局利益的前提下，有一定的自主性，既可充分调动单位当家理财的积极性，又可激发职工个人的工作热情，促进他们发挥各自的特长，为社会提供各种服务而取得创收收入。然而，当集体利益和个人利益与国家利益发生矛盾时，集体利益和个人利益必须服从国家利益。各单位在谋求集体利益及个人利益时，必须认真研究国家的有关方针政策，必须考虑到国家财力的可能，不能为了自身利益而损害国家利益，不能损公肥私。

（六）责任性原则

财务管理工作中贯彻的又一原则是责任性原则。各类单位的财产主要由财政拨款形成，业务活动经费也主要由国家预算供给，由财政拨付。财务会计工作的质量，直接关系国家资产的安全和完整、财政资金的合理有效使用以及各项建设事业能否顺利完成。而要提高财务管理工作质量，单位及其财务工作者的责任心是必不可少的。有了责任心，才有工作的认真细致，才有履职的兢兢业业，国家的各项建设事业才有保障。因此，各单位在财务会计工作中，应从制度上及思想上入手。一方面，加强财务会计制度建设，严格岗位责任制，合理确定单位内部各部门、各人员的职权和责任，明确规定并严格执行业务处理的程序和手续，并建立健全内部财务稽核制度，加大内部财务监督的力度，从制度上确保各部门、各人员认真履职；另一方面，要加大思想政治工作力度，通过法治教育、道德教育，使财务工作者从思想深处牢牢树立起责任意识，产生高度的责任感，本着认真负责、实事求是的态度，办理好每一项业务。

三、财务会计的方法

财务会计的方法是各单位在进行理财活动时所采用的各种技术和手段。它是各单位达到财务管理目标、完成财务管理任务的重要手段，也是各单位财务人员从事财务工作的基本技能。

财务会计的方法是财务管理实践的科学总结。它在各种财务会计实践中产生，并随着财务管理科学的发展和经济管理的要求而不断发展和完善。随着国家政治经济体制改革的不断深入，随着经济管理要求的逐步提高和科学技术的不断进步，财务会计的方法将更完善、更科学、更高效。

财务会计的方法有很多，可按多种标准进行划分。下面主要介绍财务管理的基本方法及一些常用的具体技术方法。

（一）基本方法

财务管理的基本方法主要有法律方法、行政方法和经济方法。

1. *法律方法*

财务会计的法律方法是指通过制定、实施有关法律、法规和财务制度，对各项财务活动及相关的经济活动进行组织、协调、控制和监督的方法。单位运用法律方法进行财务管理，主要是通过制定、执行国家的有关法律、法规和规章制度来进行的。

法律方法通过国家权威，将财政分配中的各种经济关系及有关各方在财政分配中的权利和义务、职责和利益以及行为规范等，以“法”的形式固定下来，以规范各方的财务及经济行为。各项法律、法规及规章制度一经颁布实施，就成为有关各方处理一切财务活动必须遵守的行为规范。因此，法律方法具有权威性、稳定性、规范性和强制性的特点。

市场经济是法治经济。在社会主义市场经济条件下，法律是一切市场主体（政府、单位及居民个人）都应遵循的行为规范，法律方法是所有单位及个人财务管理的基本方法。单位作为国家职能的承担者，它的各项活动都围绕贯彻政府意图来进行，具有极强的政策性。所以，各财务管理更应严格执行体现国家意志的各项法律、法规及规章，严格依法办事。我国财务管理所依据的财税方面的法律、法规和规章主要包括《中华人民共和国预算法》《中华人民共和国会计法》《行政单位财务规则》和其他有关财务管理、资产管理及财务监督方面的法规、规章。

各财务管理部门必须严格遵守执行这些法律、法规及规章，正确履行各自的职责，实现财务管理的目标，发展各项社会事业，完成各项工作任务。

2. 行政方法

财务会计的行政方法是指通过依法利用行政权力，按照规定的权限和程序，采取命令、指示、布置任务、指令性计划等形式，对各项财务活动及相关经济活动进行组织、协调、控制和监督的方法。行政方法由于使用了国家行政权力，所以具有强制性、权威性、速效性和直接性等特点。

单位是国家职能的承担者，它们从事各项活动凭借的是国家赋予的各项公共权力。正是这种公共权力，使它们不同于一般的工商单位，使它们在社会、政治、经济、生活的各个领域中，扮演着管理者、协调者和服务者的角色。单位的这个特点，决定了财务会计工作中必然较多地运用各种行政方法。比如，为解决财务管理中存在的问题，提高财务管理工作质量，上级财政部门和上级主管部门的领导深入基层，调查研究，召开会议，总结经验，布置今后的工作任务，并对各项计划的执行情况进行指导、监督，就是运用行政方法。又如，某些单位为了自身利益，擅自增加收费项目，提高收费标准，出现乱收费、乱摊派问题时，上级机关可责令它们限期整改，以维护财务制度及财经纪律的严肃性，这也是行政方法。

财务会计的行政方法所具有的强制性、权威性、速效性和直接性等特点，决定了财务管理的行政方法具有独特的优越性。这主要表现在：直接体现国家及上级机关的意志，保证国家的方针政策、规章制度、财政财务计划得以贯彻实施。特别是在财务活动出现特殊的、紧急的和不正常的情况时，采用行政方法进行管理，能收到明显的效果。但是，行政方法也有明显的缺点，即管理过于直接，缺乏灵活性，限制了各单位自主性及财务工作者主观能动性的发挥，容易造成消极应付工作的局面。因此，各单位在运用行政方法时，要注意以下四点：一要依法合理运用公共权力，即各有关部门运用公共权力，不能与国家的法律、法规及规章制度相抵触；二要尊重客观经济规律，即在社会主义市场经济条件下，单位作为市场主体之一，它的各项活动都不能违背客观规律，否则必将受到惩罚，所以在运用行政方法时必须尊重客观规律，按客观规律办事；三要克服形式主义，即行政方法的运用必须切合客观实际，讲求办事效率与效果；四要加强权力监督，防止权力滥用。

3. 经济方法

财务会计管理的经济方法是指按照客观经济规律的要求，采取利用经济杠杆、建立利益机制、调节经济利益关系等方法，对单位的各项财务活动及相关经济活动进行组织、协调、控制和监督的方法。经济方法具有引导性、自动自律性和间接性等特点。

在传统计划经济体制下，各类财务管理主要依靠行政手段与法律手段。随着改革开放的深入和社会主义市场经济体制的建立与发展，各类单位的各项活动，越来越多地受到价值规律、供求关系等市场经济基本规律的影响。因此，各种经济方法被越来越多地应用于财务管理是历史的必然。目前，我国各类单位的很多财务管理办法，如对单位实行“核定收支、定额或者定项补助、超支不补、结转结余按规定使用”的办法，对某些商品和劳务实行统一采购、招标竞价的方法等，都是经济方法。

财务会计中的经济方法是一种间接的管理方式，它按照客观经济规律，利用经济杠杆，通过利益机制对有关各方的利益进行调整，通过物质利益刺激来引导和约束单位的决策和行为。这使得经济方法成为财务管理的一种灵活有效的方法，它将有关各方的利益与财务管理挂钩，能充分调动有关各方的积极性和主动性，从而促进工作效率的提高，促进财务管理目标的实现。今后，随着体制改革的进一步深入和社会主义市场经济的进一步完善，经济方法在财务管理工作中的应用必将越来越多，越来越广泛。

法律方法、行政方法、经济方法是财务管理的三种基本方法。它们的目的是相同的，都是为了促进财务管理目标的实现。但是，它们的特点、功能和作用不尽相同。法律方法和行政方法侧重于从外部利用国家权威，采取强制的方式达到目标。经济方法侧重于从财务活动内部，通过利益驱动方式引导财务管理目标的实现。在实际工作中，应根据各项工作的实际情况和管理要求，分别运用或综合运用这三种方法。

（二）技术方法

财务会计活动中有一系列的技术方法，它们共同形成了一整套科学、完善的财务管理方法体系。根据我国传统的财务管理理论，财务管理包括财务预测、财务决策、财务计划、财务控制及财务分析五个环节。与此相对应，财务管理方法体系也主要由相互联系的财务预测方法、财务决策方法、财务计划方法、财务控制方法及财务分析方法所组成。

1. 财务预测方法

财务预测是各单位财务人员根据历史资料，依据现实条件，运用特定方法，对单位未来的财务活动和财务成果所作出的科学预计和测算。财务预测是财务决策的基础，是各单位编制财务计划的前提，是各单位开展日常财务活动的必要条件。财务预测的科学性、准确性与可靠性直接决定着各单位财务决策的科学性与正确性，决定着单位财务计划的科学性与可行性。

财务预测工作一般包括如下步骤：第一，确定预测对象和目标，制订预测计划；第二，收集、整理相关的信息资料；第三，选择特定的预测方法进行实际预测；第四，对初步的预测结论进行分析评价及修正，得出最终预测结果。

下面将对财务管理中常用的预测方法作简单的介绍。

（1）定性预测法。定性预测法亦称非数量预测法，一般是在缺乏完备、准确的历史资料的情况下，由单位领导、财务主管及其他有关专家根据过去积累的经验，利用直观资料，依据个人的主观判断能力及综合分析能力，对单位财务的未来状况和趋势作出预测的一种方法。

定性预测法的预测程序是：首先，由熟悉单位情况及国家财务制度、财经法规的领导、财务主管及其他有关专家根据过去的经验进行分析判断，提出初步意见；然后，通过召开座谈会或发出征求意见函等各种形式，对上述预测的初步意见进行修正、补充；经过几次这样的反复之后，得出预测的最终结果。

定性预测法的预测效果较多地依赖专家或预测者的知识、经验及分析判断能力，带有较大的主观性。这种方法充分发挥了人的主观能动性，若运用得当，能取得较好的效果。意见交换法、类推预测法、理论推定法、专家调查法（德尔菲法）等，都是定性分析法。

（2）定量预测法。定量预测法亦称数量预测法，是运用现代数学方法对历史数据进行科学的加工处理，充分揭示各有关变量之间的规律性联系，建立经济数学模型来进行预测的方法。定量预测法按具体做法的不同，又可分为因果预测法和趋势预测法两种类型。

第一，因果预测法是根据历史资料，通过充分的分析，找出要预测因素与其他因素之间明确的因果关系，建立数学模型来预测的一种方法。这种方法主要是根据各有关因素之间相互联系、相互制约的关系，建立相应的因果数学模型来进行预测，如回归分析法、量本利分析法等。

第二，趋势预测法是根据按时间顺序排列的历史资料，运用一定的数学方法，进行加工、计算，借以预测未来发展趋势的一种预测方法。外推分析法、简单平均法、加权平均法、指数平滑法、直线回归趋势法及曲线回归趋势法等，均属于这种类型。

必须指出的是，在实际工作中，定性预测法与定量预测法并不是相互排斥的，而是相辅相成的，它们各有优缺点，财务工作者应根据具体情况，将两者结合运用，以取得良好效果。

2. 财务决策方法

财务决策是指财务人员在财务目标的总体要求下，从若干个可供选择的财务活动方案中选择最优方案的过程。当然，在可供选择的财务活动方案只有一个时，决定是否采取这个方案也属于财务决策。财务决策是财务管理的核心，直接关系到各财务管理的质量。

财务决策工作一般包括如下步骤：第一，根据财务预测的信息提出问题；第二，根据有关信息制定解决问题的若干备选方案；第三，分析、评价、对比各种方案；第四，拟定择优标准，选择最优方案。

决策的方法很多，财务管理中常用的决策方法有如下五种。

（1）优选对比法。优选对比法是把各种不同方案排列在一起，按活动目标所确定的优选标准进行优选对比，进而作出决策的方法。优选对比法是财务决策的基本方法。按对比方式的不同，优选对比法又可分为总量对比法、差量对比法、指标对比法等。

（2）数学微分法。数学微分法是根据边际分析原理，运用数学中的微分方法，对具有曲线联系的极值问题进行求解，进而确定最优方案的一种决策方法。在运用此方法进行决策时，若以收入或效益作为判别标准，一般是求其极大值；若以消耗或成本作为判别标准，则一般求其极小值。在财务决策中，最优资本结构决策、最佳现金余额决策、存货的经济批量决策等都要用到数学微分法。

（3）线性规划法。线性规划法是根据运筹学原理，对具有线性联系的极值问题进行求解，进而确定最优方案的一种方法。在掌握了若干个约束条件的情况下，这种方法能帮助管理人员就合理组织单位的人力、物力、财力，充分利用资源、挖掘潜力等作出最优决策。

（4）概率决策法。概率决策法是依据概率论的原理及方法，计算各个方案的期望值和标准离差，进而作出决策的一种方法。这是进行风险决策的一种主要方法。在市场经济条件下，任何财务活动都带有一定的风险，财务决策也就或多或少地带有风险性，因此现代财务决策大多为风险决策。概率决策法作为风险决策的主要方法，在财务决策中得到了广泛的运用。这种方法往往把各个概率分支用树形图表示出来，所以，也常常被称作决策树法。

（5）损益决策法。损益决策法指的是采用最大最小收益值法或最小最大后悔值法或折中方法来进行决策。最大最小收益值法又称小中取大法，是把各个方案的最小收益值都计算出来，然后取其最大者所对应的方案为最优方案。采用这种方法作决策时，决策者对决策事物的前景持悲观的估计，总是在不利条件下寻求最好的方案。因此，这种决策也称为保守型决策。最小最大后悔值法又叫大中取小法，是把各方案的最大损失值都计算出来，然后取其最小者所对应的方案为最优方案。采用这种方法作决策时，决策者对事物未来的前景估计是乐观的，愿意承担一定的风险代价去获取最大的收益。因此，这种决策也称为进取型决策。折中方法是采用乐观系数来评价最大收益值和最小收益值，计算出各个方案的折中收益值，然后选择折中收益值最大的方案为最优方案。采用这种方法进行决策时，决策者对事物的估计介于乐观与悲观之间。乐观系数用 α 来表示，其取值介于 0 和 1。若决策者对未来的估计较乐观，则乐观系数取值大于 0.5；反之，则其取值小于 0.5；而折中收益值 $=\alpha\times$（最大收益值）$+(1-\alpha)\times$（最小收益值）。

损益决策法是一种不确定型决策。不确定型决策是指决策者面临的决策问题是全新的，无法估计各种自然状态的概率而进行的决策。在这种情况下，由于未来情况很不明朗，所以决策十分困难。决策主要依靠决策者的经验和素质，不同的决策者对同一问题进行决策时，由于所持态度不同，采用的标准和方法不同，其决策的结果也会不同。

3. 财务计划方法

财务计划是在一定的计划期内以货币形式反映单位业务及经营活动所需的资金及其来源、财务收入和支出、结余及其分配的计划。财务计划是各单位根据本单位的业务工作安排及定额定员等标准，以财务预测提供的信息和财务决策确立的方案为基础来编制的，是财务预测和财务决策的具体化，也是控制各财务活动的基本依据。单位预算、预算外资金收支计划、经营收支计划等都是单位的财务计划。财务计划的编制过程一般包括三个方面：第一，根据财务决策的要求，分析主客观条件，全面安排计划指标；第二，对需要与可能进行协调，实现综合平衡；第三，调整各种指标，编制出计划表格。财务计划的编制过程，实际上就是确定计划指标并对其进行综合平衡的过程。

确定财务指标、编制财务计划的方法主要有以下四种。

（1）平衡法。平衡法是指在编制财务计划时，利用有关指标客观存在的内在平衡关系计算确定计划指标的方法。例如，在安排计划期内的资金支出时，可利用“资金占用＝资金来源”这个公式，在量入为出、以收定支原则的指导下合理安排资金支出。又如，在确定一定时期存货期末余额时，可利用如下公式：

存货期末余额＝期初余额＋计划期增加额－计划期减少额

平衡法适用于那些客观上具有平衡关系的计划指标的确定。这种方法便于分析计算，工作量不大，且结果比较正确明了。不过，在使用平衡法时要注意，具有平衡关系的每一指标因素不能重复和遗漏，并且计算的范围和口径要一致。

（2）因素法。因素法也称因素推算法，是指在编制财务计划时，根据影响某项指标的各种因素，来推算该指标计划数的方法。大量研究证明，任何经济现象都不是孤立存在的，每一现象都会与其他很多现象直接或间接地联系在一起，每一现象都会受到很多因素的影响，而且每一现象与其诸多影响因素之间往往存在着比较稳定的数量关系。这种客观现实使我们在对这些经济现象进行研究时，往往可以通过它们之间的这种数量关系来进行推算。

在采用因素法确定某项指标的计划数时，应实事求是地根据该指标与各影响因素之间的客观联系，分别采用回归法、指数法等，建立相应的数学模型，来推算指标计划数。因素法计算出的结果一般比较准确，但计算过程较复杂。

（3）比例法。比例法是指在编制财务计划时，根据本单位历史上已经形成而又比较稳定的各项指标之间的比例关系，来计算计划指标的方法。例如，在推算单位一定时期内的固定资产维护保养费时，便可根据历史上该项费用占固定资产总额的比例和计划期固定资产总额来进行确定。比例法的优点是计算简便，但所使用的比例必须恰当，否则会出现偏差。

（4）定额法。定额法又称预算包干法，是指在编制财务计划时以定额作为计划指标的一种方法。在各单位内部，由于有较全面、较严格的定额管理，采用定额法确定计划指标不仅切合实际，而且有利于将定额管理与计划管理相结合。因此，各单位在编制财务计划时，更倾向于使用这种方法。为了保证各项定额切实可行，各单位应经常注意根据实际情况不断修改定额。

4. 财务控制方法

财务控制是指在财务管理过程中，利用有关信息和特定手段对单位的财务活动施加影响或调节，以便实现计划所规定的财务目标。财务目标是单位一切财务活动的出发点和归宿，是财务管理的行为导向，对财务活动进行管理和控制正是为了实现一定的目标。财务控制作为一种经济调控行为，其调节过程一般包括制定目标、分解目标、实施调控、衡量效果、纠正偏差等步骤。常见的财务控制方法有三种。

（1）防护性控制。防护性控制又称排除干扰控制，是指在财务活动发生前，就制定一系列制度和规定，把可能产生的差异予以排除的一种控制方法。例如，为了合理使用资金，节约各种费用开支，可事先规定各项开支的范围和标准；为了防止各单位滥用职权，杜绝乱收费现象，事先对其收费的项目、范围和标准作出规定；为了保证各项物资的安全和完整，事先规定物资的使用范围及领用手续，制定物资收、发、存的有关制度，并建立内部控制制度等。在财务会计工作中，各项事先制定的标准、制度、规定都可以看作排除干扰的方法。这是最彻底的控制方法，也是各财务会计中最常用、最重要的控制方法。

（2）前馈性控制。前馈性控制又称补偿干扰控制，是指通过对实际财务系统的运行进行监视，运用科学方法预测可能出现的偏差，采取一定措施，使偏差得以消除的一种控制方法。例如，为了控制单位支付能力，保证单位各项业务的顺利开展，要密切注意单位流动资金（周转金）的数量，当预测到流动资金数量不足，可能影响以后各项业务活动的顺利进行时，应采取措施，严格控制并合理安排资金支出，以保证单位有足够的支付能力。在财务会计工作中，前馈性控制是一种比较好的控制方法，它便于各单位及时发现问题，并及时采取措施解决问题，尽量避免出现大的失误。但是，采用这种方法要求掌握大量的信息，并要进行准确的预测，只有这样，才能达到控制目的。

（3）反馈性控制。反馈性控制又称平衡偏差控制，是在认真分析的基础上，发现实际与计划之间的偏差，确定偏差产生的原因，采取切实有效的措施，调整实际财务活动或财务计划，使偏差得以消除或避免今后出现类似偏差的一种控制方法。反馈性控制是根据实际偏差来进行调节的，属于事后控制，在平衡与调节的过程中，由于时滞的存在，又可能导致新的偏差。这种控制方法运用起来比较方便，一般不需要太多的信息。因此，这种方法在财务管理中得到广泛的运用，特别是当干扰不能预计或频繁发生时，它是一种典型的财务控制方法。

5. 财务分析方法

财务分析方法是根据有关信息资料，运用特定方法，对财务活动过程及其结果进行分析和评价的一种方法。通过财务分析，可以掌握单位各项财务计划指标的完成情况，评价单位财务状况，衡量单位工作绩效，研究和掌握财务活动的规律性，改善单位财务预测、决策、计划和控制，提高单位财务工作水平，促进财务管理目标的实现。财务分析过程一般包括如下四个阶段：第一，确定题目，明确目标；第二，收集资料，掌握情况；第三，运用方法，揭示问题；第四，提出措施，改进工作。财务分析方法有很多种，常用的有比较分析法、比率分析法、综合分析法。

（1）比较分析法。比较分析法是通过比较两个相关的财务数据，来揭示财务数据之间的相互关系，分析财务活动的一种方法。它通常采用三种方式来进行比较：第一，将分析期的实际数据与同期计划数进行对比，确定实际与计划之间的差异，据此考核财务指标计划完成情况；第二，将分析期的实际数据与前期数据进行比较，确定本期与前期之间的差异，据此考核单位的发展情况，预测财务活动的未来发展趋势；第三，将分析期的实际数据与同行业平均指标或先进单位指标进行对比，确定本单位与同行业平均水平或先进水平之间的差异，据此找出原因，改进工作。比较分析法适应面广，分析过程简单，揭示问题清楚，是一种比较好的财务分析方法。但是，并非任何事物、任何指标都可进行比较。运用比较分析法，一定要注意保持指标之间的可比性，不仅要做到各种指标之间性质可比，内容、范围可比，时间可比，还要保证各种指标的计算方法、计量单位等方面的协调一致。如此，才能保证用于比较的指标有相同的口径，比较才有意义。

（2）比率分析法。比率分析法是把某些彼此相关联的指标以比率的形式加以对比，据以确定单位经济活动变动程度，揭示单位财务状况的一种分析方法。在财务分析中，常用的比率有以下三类。

第一，构成比率。构成比率又称结构比率，它是某项经济指标的各个组成部分与总体的比例。构成比率计算的是各个组成部分在总体中所占的比重，反映的是部分与总体的关系。通过构成比率，可分析指标构成内容的变化，从而掌握该项财务活动的特点与变化趋势，考察经济活动的结构是否合理。例如，通过计算单位各项支出在支出总额中所占的比重，可分析单位行政性支出与业务性支出之间、维持性支出与发展性支出之间、重点性支出与一般性支出之间的比例是否恰当，支出结构是否合理。

第二，动态比率。动态比率是将某项指标的不同时期的数值相比而求出的比率。它反映了同一财务指标在不同时期的对比关系，表明财务活动在时间上的发展和变化程度。通过动态比率，可分析财务活动及相关指标的发展方向及增减速度。

第三，相关比率。相关比率是将两个性质不同但又相互联系的指标数值相比所得的、反映有关经济活动相互关系的比率。通过相关比率，可以从各项财务活动的相互依存、相互制约的客观联系出发，深入考察单位各项相关业务的安排是否合理，以保证单位各项业务的顺利开展。例如，将单位的负债额与资产总额相比，计算资产负债率，据此可分析单位债务负担的轻重，了解单位资金实力的强弱，便于单位根据实际情况，采取措施，努力增收节支，积极调整资本结构。

比率分析法是一种重要的财务分析方法，简单易行，通俗易懂，而且通过各种比率的计算与对比，能把各单位的财务状况及财务成果较全面地反映出来。因此，在财务管理实践中，该方法很受分析人员的欢迎，也因此得到了广泛的运用。当然，在运用比率分析法时，同样要注意保持各种指标之间的相关性与可比性。

（3）综合分析法。综合分析法是把单位有关财务指标和影响单位财务状况的各种因素有序地排列在一起，综合地分析单位财务状况及财务成果的一种方法。财务活动类型复杂多样，涉及面极广，仅凭对单一指标或单一因素的分析，很难全面、系统地评估其财务状况及实际成果。要想将财务活动作为一个有机的整体来全面评价，就必须进行相互关联的分析，采取适当的方法和标准进行综合性评价。在进行综合分析时，可采用财务比率综合分析法、因素综合分析法等方法。

综合分析法是一种重要的财务分析法。它对全面、系统、综合地评价单位财务状况具有十分重要的意义。但是，综合分析法大多比较复杂，所需资料很多，工作量较大，使用起来有一定难度。

上述三种方法是财务管理中常用的一些技术方法，它们有各自的优点，也有各自的局限性，我们应根据实际情况，灵活选用或综合运用这些方法，做好财务管理工作。

第四节　财务会计准则与人力资源管理

近年来，单位竞争力的核心体现就是人力资源，人力资源有效保障单位的发展。因此，单位发展中人力资源是其中一个重要的资源，直接影响着单位的可持续发展。由于现代人力资源管理中出现了很多问题，对单位的发展产生了不良影响，为了能够有效解决这些问题，人力资源会计应运而生。

一、财务会计准则对人力资源管理的影响

（一）实现以财务管理为主的资源分配

现阶段，在财务会计准则的大背景下，人力资源管理应与财务管理工作进行充分的结合。人力资源管理是单位经济资本管理的关键环节，而财务管理则是对单位经济命脉的把握。因此，人力资源管理在单位管理工作中占据着举足轻重的地位。尤其是在对单位内部资源进行调配的过程中，应该以单位经济利益作为出发点，将人力资源管理有效融合到财务管理工作中，以财务管理为基础来分配人力资本，只有这样才能够使单位的经济效益得到有效的提高。

（二）明确以单位整体利益为主要目的

在财务会计准则的大背景下，人力资源管理工作的根本出发点就是单位的经济利益，应从财务的角度对人力资源配置问题进行审视，从而有效保障人力资源价值的最大化。在对内部人力资源进行调配的过程中，应该以人力资源的基本特征为基础，充分发挥人力配置的作用，使单位的经济效益得到有效的保障。

二、基于财务会计准则的人力资源管理内容

（一）确定人力资本

人力资源信息不包含在会计信息中，使得会计信息出现失真的情况。现阶段，高科技人才对知识经济的发展起着一定的推动作用，所以，会计技术发展的趋势就是对人力资源的确认、记录、计量以及报告。单位对人力资源的控制就是单位享有人力资源的所有权，能够长期掌控人力资源，而且还能够为单位创造一定的经济利益。[①] 因此，人力资源能够使会计要素确认的基本条件得以满足，而且可

① 白光．基于财务会计准则视域下的人力资源管理分析 [J]. 中小企业管理与科技（上旬刊），2021（01）：33-34.

以成为单位资产负债表中单独存在的项目，从而在单位会计信息中全面真实地体现出来。

（二）核算人力资本

商誉价值当中涉及很多人力资源价值。由于商誉的核算能够通过无形资产来进行，所以核算人力资源也可以采用无形资产来进行。财务会计准则中明确规定了无形资产。首先，合同性的权利与法定的权利，无须考虑权利本身是不是从单位或其他权利、义务之中剥离出来的；其次，无形资产所带来的经济效益最后都流向单位；最后，计量无形资产的成本。人力资源是指单位所雇佣的员工群体，他们通过签订劳动合同或依据相关法律法规与单位建立了劳动关系，并各自拥有明确的法定权利与义务。在劳务合同规定的期限内，人力资源所带来的经济效益最后还是流向单位，所以，单位在保证人力资源可续性的同时还要承担一定的义务，计量履行该义务所产生的经济成本，使得会计准则中无形资产的界定得以满足。由此可见，在无形资产项目中能够单独核算人力资源。

（三）计量人力资本

员工的能力直接影响着单位的生产经营活动，由于员工的能力存在一定的差异，所以，对单位的影响程度也有所不同。基本型的人力资源能够使单位的生产和经营正常进行下去，在市场当中有着基本和明确的价值。根据会计信息重要性的原则，可以依据目前的会计准则执行对基本型人力资源的确认和计量，依据劳动合同中约定的期限明确人力资本计量中的使用寿命。

（四）组合分配人力资本

新型的人力资源管理模式当中，人力资本在层次和质量方面有所不同，其中包括的人力资本有单位家、技能型以及普通型等。人力资源管理指的是根据特定的比例对人力和物资进行管理，对人力资本的要求予以明确，使人力资本架构合理化。如果其中出现不合理的问题，单位就会出现内耗，很难提高效率。因此，在对人力资本进行组合时，要对各个层次进行明确，还要明确机构的效率和物资资源，还要综合考虑年龄和能力等人力资本结构，使员工价值能够充分地发挥出来，同时要对员工存在的潜力进行充分的挖掘，使人力资本的效益得以显著提升。

（五）科学激励

从收益分配方面来讲，事后型指的是往往以物质奖励，事前型指的是科学人力管理，所以，在进行人力资源管理时，应对员工的积极性和主观能动性进行充分的调动，建立科学合理的激励机制，有效调整收益结构和方式以及考核机制，建立一个比较完善的激励机制。

三、财务会计准则视域下人力资源管理的实践路径

（一）完善单位人力资源会计制度

要想在单位中更好地实施人力资源管理工作，就要对相关的政策和制度进行完善，保证人力资源会计能够有相关依据。同时，还可以借助和学习一些有关人力资源会计的应用经验，根据单位自身的实际经营特点，建立一个符合单位管理发展要求的人力资源管理会计制度，将单位的行业特点充分地体现出来，这样单位中的人力资源管理会计才能够顺利地发展下去。

（二）加强人力资源会计核算与监督

为了保证单位人力资源得到优化配置，对人力资源价值进行恰当核算，就要采用合适的计量和核算方式。由于人力资源本身的特点不能够将其转化为金额，无法对其进行准确的定价，再加上人力资源本身具有一定的差异性，所以，不能够单纯地采用定量的数据来核算，应充分地结合一些定性的统计分析方法。单位应根据自身经营管理的特点和人才结构的特点评价人力资源，以客观条件为基础，最大限度地维护人力资源权益，为单位人才队伍的建设起到良好的促进作用，强有力地推动单位的健康可持续发展。

（三）制订培训计划，提高管理人员素质

现阶段，很多单位缺少人力资源管理会计化的意识，没有全面认识单位人力资源的价值，因此，应对相关的制度和培训进行完善，尤其是财务管理部门应充分重视人力资源的管理，制订一些切实可行的人才培训计划，使培训出来的人才不但能够进行持续的知识更新，还能够和单位的管理接轨，从而对构建人力资源管理会计体系起到有效的促进作用。应定期进行培训，使人力资源会计的素质和应用技巧得到提升。另外，单位还要定期考核和评估相关人员，使员工的自身能动性得到增强。为了完善单位人力资源会计工作，应加大人力资源会计的社会监督力度。实施人力资源会计需要社会环境给予相应的支持，进而有效地促进其发展，通过不断地深化改革，构建一个良好的社会环境，使社会公众对人力资源会

计的工作予以有效监督，为人力资源会计的发展提供有利条件。

综上所述，单位要想提高管理水平和效益，就要进行科学的人力资源管理。虽然在实际的应用过程中会出现一些问题，但要想突破单位发展的瓶颈，就需要在单位的管理中应用人力资源管理会计。单位应对人力资源会计制度进行完善，加强人力资源会计核算与监督，同时，制订培训计划，提高管理人员素质，使单位在管理中充分发挥人力资源管理会计的优势，最终推动单位经济效益有效提高。

第八章　财务会计不同要素的核算与管理

财务会计的核算与管理是财务管理的基础。本章将聚焦于财务会计不同要素的核算与管理，包括资产、负债、净资产以及收入、支出的核算与管理，以确保财务会计信息的准确性与合规性。

第一节　资产、负债的核算与管理

一、资产的管理与核算

资产是指由单位过去的交易或事项形成的、由单位拥有或者控制的、预期会给单位带来经济利益的资源。不能带来经济利益的资源不能作为资产。

（一）流动资产的核算与管理

流动资产是指可以在一年以内变现或者耗用的资产，包括货币资金、应收及预付款项和存货等。资产按其流动性可分为流动资产和非流动资产。流动资产与非流动资产是相对的概念，其一般特征是流动性大，周转期限短，不断改变形态，其价值通过一次消耗或转移实现。

1. 库存现金

（1）库存现金的核算。为了核算单位库存现金的收入、支出和结存情况，应设置“库存现金”（资产类）总账科目，借方登记现金增加数，贷方登记现金减少数，借方余额反映库存现金数额。期末借方余额反映单位实际持有的库存现金。

单位除了进行现金总分类核算外，还应设置“现金日记账”，由出纳人员根据原始凭证逐笔登记。每日业务终了，应计算当日现金收入合计数、现金支出数和结余数，并将结余数与实际库存数核对，做到账款相符，并编制“库存现金日报表”。有外币现金的单位，应分别按人民币、各种外币设置“现金日记账”进行明细核算。其主要账务处理如下：①从银行等金融机构提取现金，按照实际提取的金额，借记本科目，贷记“银行存款”等科目；将现金存入银行等金融机构，按照实际存入的金额，借记“银行存款”等科目，贷记本科目。②因开展业务等其他事项收到现金，按照实际收到的金额，借记本科目，贷记有关科目；因购买服务或商品等其他事项支出现金，按照实际支出的金额，借记有关科目，贷记本科目。

因内部职工出差等原因借出的现金，按照实际借出的现金金额，借记“其他应收款”科目，贷记本科目；出差人员报销差旅费时，按照应报销的金额，借记有关科目，按照实际借出的现金金额，贷记“其他应收款”科目，按其差额，借记或贷记本科目。

（2）库存现金的管理。单位的库存现金主要用于单位的日常零星开支。库存现金是流动资产及其他所有资产中最富流动性的一种资产，是立即可以投入流通的交换媒介，因此单位必须严格遵守国家关于库存现金管理的各项规定，建立健全对库存现金的内部控制制度，确保库存现金的安全，提高库存现金的使用效益，防止发生不必要的损失和浪费。

国家银行是库存现金管理制度的执行和监督机关，单位在办理库存现金收付业务时应坚持以下七项原则。

第一，遵守库存现金限额。为了方便各单位零星现金开支的需要，各单位应提出申请，报开户银行审批，核定库存现金限额，原则上以 3 ~ 5 天的日常开支量为准，超过限额的应及时送存银行。单位必须如实反映现金库存。

第二，不得坐支现金。单位支出现金，应从库存现金限额中支取，或者从银行提取，不得从本单位的现金收入中直接支付。各单位现金收入应当于当日送存开户银行。当日送存确有困难的，由开户银行确定送存时间。行政单位支付现金，可以从本单位库存现金限额中支付或者从开户银行提取，不得从本单位的现金收入中直接支付（即坐支）。因特殊情况需要坐支现金的，应当事先报经开户银行审查批准，由开户银行核定坐支范围和限额。坐支单位应当定期向开户银行报送坐支金额和使用情况。坐支是指有现金收入的开户单位，不通过银行，将自己收入的现金直接用于自身的现金支出。将现金收入送存银行（即不坐支），有利于银行了解现金的来源和去向，加强对现金的全面管理和监督，有利于保护现金安全，有利于防止贪污、挪用和不合理开支，有利于单位加强财务管理。

第三，明确规定现金的使用范围。各单位之间的经济往来，除零星小额可支付现金外，其他都必须通过银行进行结算。在开户银行开户的个体工商户、农村承包经营户异地采购所需货款，应当通过银行汇兑方式支付。因采购地点不固定，交通不便必须携带现金的，由开户银行根据实际需要，予以支付现金。根据规定，现金的使用范围限于：职工工资、津贴；个人劳动报酬；根据国家规定颁发给个人的科学技术、文化艺术、体育等各种奖金；各种劳保、福利费用以及国家规定对个人的其他支出；向个人收购农副产品和其他物资的价款；出差人员必须随身携带的差旅费；结算起点（1000 元）以下的零星支出；中国人民银行确定需要支付现金的其他支出。

第四，从开户银行提取现金，应当写明用途，由本单位财会部门负责人签字盖章，经开户银行审核后，予以支付现金。虚报、谎报现金用途是非法套取现金的行为，必须禁止。

第五，单位之间不得相互借用现金。借用现金跳过了银行监督，给现金的不正当使用开了方便之门。

第六，会计、出纳要分开。单位应当建立健全货币资金管理岗位责任制，合理设置岗位，不得由一人办理货币资金业务的全过程，确保不相容岗位相互分离。具体要求有以下三点：一是出纳不得兼管稽核、会计档案保管和收入，支出、债权、债务账目的登记工作；二是严禁一人保管收付款项所需的全部印章，财务专用章应当由专人保管，个人名章应当由本人或其授权人员保管。负责保管印章的人员要配置单独的保管设备，并做到人走柜锁；三是按照规定应当由有关负责人签字或盖章的，应当严格履行签字或盖章手续。为了保证现金的安全，防止各种错误、弊病的发生，会计管账不能管钱，出纳管钱不能管账，以加强内部控制。

第七，现金收支业务必须根据合法凭证办理。任何现金收支都必须以合法的原始凭证为依据。审核原始凭证可以从以下四个方面进行：一是真实性审核。审查该凭证是否反映了经济业务的本来面目，有无伪造、虚开，对缺乏真实性的凭证要进一步查明，确属虚假的要拒绝收受。二是合法性审核。审查该凭证是否符合政策法规、财务制度的规定，有无违反预算（计划）和财经纪律，有疑问的地方要及时确认并取得合规性凭据。三是完整性审核。审查该凭证的手续是否完备，应填项目是否填写完整，有关经办人员是否签章，领导是否签字批准等。四是正确性审核。审查该凭证的摘要和数字是否填写清楚、正确，数量、单价、金额计算是否正确，金额大小写是否相符等。出纳员付出现金后，应当在原始单据上加盖“现金付讫”戳记，并在当天入账，不准以借据抵现金入账。收到现金后，属于各项收入的现金，都应当开给对方合法收款凭据。

2. 银行存款

（1）银行存款的核算。为了核算单位存入银行和其他金融机构的各种存款，应设置“银行存款”（资产类）总账科目。其借方记存入银行或其他金融机构的存款数，贷方记提取和支出存款数，借方余额反映单位银行存款数额。该科目期末借方余额，反映单位实际存放在银行或其他金融机构的款项。单位应当按开户银行、存款种类及币种等，分别设置“银行存款日记账”，由出纳人员根据收付款凭证，按照业务的发生顺序逐笔登记，每日终了应结出余额。“银行存款日记账”应定期与“银行对账单”进行核对。其主要账务处理如下：①将款项存入银行或其他金融机构，借记本科目，贷记“库存现金”“事业收入”“经营收入”等有关科目；②提取和支出存款时，借记有关科目，贷记本科目。

单位除了进行银行存款总分类核算外，还应按开户银行和其他金融机构的名称，以及存款种类等，分别设置“银行存款日记账”，由出纳人员根据收付款凭证逐笔顺序登记，每日终了应结出余额。

（2）银行存款的管理。按照国家现金管理制度的规定，单位的各项资金拨入、调出与使用都必须在国家银行开立“银行存款”账户，通过银行办理转账结算。有外币的单位，应在有关银行开立“外币存款”账户。单位的拨入资金不准以个人名义在银行开户存取，也不得作为“储蓄存款”存入储蓄所存取款项。单位开设银行存款账户，应当报同级财政部门审批，并由财务部门统一管理，未经审批同意不得自行到银行开户。单位应当加强对银行账户的管理，严格按照规定的审批权限和程序开立、变更和撤销银行账户。

为了加强单位银行存款的管理，单位必须遵守下列银行账户的管理原则：严格遵守国家银行的各项结算制度和现金管理制度，接受银行的监督；银行账户只限于本单位使用，不得出租、出借、套用或转让；单位各种收付款凭证，必须如实填写款项来源和用途，不得巧立名目、弄虚作假、套取现金、套购物资，严禁利用账户搞非法活动。

各单位应当严格管理支票，不得签发“空头支票”。空白支票必须严格领用和注销手续，支票存根应由领取人签章，支票存根不得散失。各单位应按月与开户银行核对账目，保证账账相符。平时开出的支票应尽量避免跨月支取，年终开出的支票一律不准跨年支取。单位应当建立健全票据管理制度。财政票据、发票等各类票据的申领、启用、核销、销毁均应履行规定手续。单位应当按照规定设置票据专管员，建立票据台账，做好票据的保管和序时登记工作。票据应当按照顺序号使用，不得拆本使用，做好废旧票据管理。负责保管票据的人员要配置单独的保险柜等保管设备，并做到人走柜锁。单位不得违反规定转让、出借、代开、买卖财政票据、发票等票据，不得擅自扩大票据适用范围。

单位在银行开户时要特别注意以下三个问题：第一，单位的各项收支，由单位财务部门统一管理。单位内部各部门取得的事业收入、经营收入等，都要纳入单位财务部门的统一监管之下，并且原则上应由单位财务部门开立账户，单位所属非独立核算部门不得另设账户。第二，单位要本着相对集中、有利于管理的原则开立账户，防止和杜绝开立账户过多、过滥的现象。第三，单位必须在经国家有关部门正式批准的银行或非银行金融机构开立账户及办理有关存款、取款和转账结算等业务。

为了保证各单位之间结算工作的顺利进行，国家银行对结算方式、程序、手续都作了统一规定。根据中国人民银行现行结算办法的规定，银行的结算方式分为银行汇票、商业汇票、银行本票、支票、汇兑、委托收款（同城、异地）和托收承付（异地）等。

3. 零余额账户用款额度

（1）零余额账户用款额度的核算。为了核算实行国库集中支付的单位根据财政部门批复的用款计划收到和支用的零余额账户用款额度，应设置“零余额账户用款额度”（资产类）总账科目。本科目借方登记收到财政下达的授权支付额度，贷方登记单位授权支付的支付数、提现数，期末借方余额，反映单位尚未支用的零余额账户用款额度。该科目年度终了注销单位零余额账户用款额度后，应无余额。如有余额，应按照有关规定进行账务处理。其主要账务处理如下。

第一，在财政授权支付方式下，收到代理银行盖章的“授权支付到账通知书”时，根据通知书所列数额，借记本科目，贷记“财政补助收入”科目。

第二，按规定支用额度时，借记有关科目，贷记本科目。

第三，从零余额账户提取现金时，借记“库存现金”科目，贷记本科目。

第四，因购货退回等发生国库授权支付额度退回的，属于以前年度支付的款项，按照退回金额，借记本科目，贷记“财政补助结转”“财政补助结余”“存货”等有关科目；属于本年度支付的款项，按照退回金额，借记本科目，贷记“事业支出”“存货”等有关科目。

第五，年度终了，依据代理银行提供的对账单作注销额度的相关账务处理，借记“财政应返还额度——财政授权支付”科目，贷记本科目。单位本年度财政授权支付预算指标数大于零余额账户用款额度下达数的，根据未下达的用款额度，借记“财政应返还额度——财政授权支付”科目，贷记“财政补助收入”科目。

下年初，单位依据代理银行提供的额度恢复到账通知书作恢复额度的相关账务处理，借记本科目，贷记“财政应返还额度——财政授权支付”科目。单位收到财政部门批复的上年末未下达零余额账户用款额度的，借记本科目，贷记“财政应返还额度——财政授权支付”科目。

（2）零余额账户和零余额账户用款额度的管理。零余额账户是指财政部门为预算单位在商业银行开设的账户，用于财政直接支付和财政授权支付及清算。单位的零余额账户可以办理转账、汇兑、委托收款和提取现金等支付结算业务，单位的往来收入等各种非财政性资金，不得进入零余额账户。零余额账户是一个过渡账户，不是实存账户。

财政直接支付和财政授权支付是实行国库集中收付制度下的两种财政资金支出方式。国库集中收付制度是指以国库单一账户体系为基础，将所有财政性资金都纳入国库单一账户体系管理，收入直接缴入国库和财政专户，支出通过国库单一账户体系支付到商品和劳务供应者或用款单位的一项国库管理制度。我国于2005年开始在全国范围内实行国库管理制度的改革，其中国库集中支付制度涉及所有参与预算分配的行政单位，因此这对于单位会计制度影响深远。

在财政直接支付方式下，单位在需要使用财政性资金时，按照批复的部门预算和资金使用计划，向财政国库支付执行机构提出支付申请。财政国库支付执行机构根据批复的部门预算和资金使用计划及相关要求对支付申请审核无误后，向代理银行发出支付令，并通知中国人民银行国库部门，通过代理银行进入全国银行清算系统实时清算，财政资金从国库单一账户划拨到收款人的银行账户。

在财政授权支付方式下，单位按照批复的部门预算和资金使用计划，向财政国库支付执行机构申请授权支付的月度用款限额，财政国库支付执行机构将批准后的限额通知代理银行和单位，并通知中国人民银行国库部门。单位在月度用款额度内，自行开具支付令，通过财政国库支付执行机构转由代理银行向收款人付款，并与国库单一账户清算。

零余额账户实行用款额度管理，并且只能用于财政部门授权单位支付额度内的支付和与国库单一账户以及非税资金财政专户的清算业务。该账户可以办理转账、提取现金等业务。

4. 短期投资

（1）短期投资的核算。为核算单位短期投资的增减变化，单位应设置“短期投资”（资产类）总账科目。其借方表示取得短期投资的成本，贷方表示收回或出售的短期投资的成本，该科目期末借方余额，反映单位持有的短期投资成本。本账户应当按照国债投资的种类等进行明细核算。短期投资的核算环节分为短期投资取得的核算、短期投资持有期间取得收益的核算和短期投资收回的核算。其主要账务处理如下。

第一，短期投资在取得时，应当按照其实际成本入账，实际成本包括购买价款、税费、手续费等相关费用，借记本科目，贷记“银行存款”等科目。

第二，短期投资持有期间收到利息时，按实际收到的金额，借记“银行存款”科目，贷记“其他收入——投资收益”科目。

第三，出售短期投资或到期收回短期国债本息，按照实际收到的金额，借记“银行存款”科目，按照出售或收回短期国债的成本，贷记本科目，按其差额，贷记或借记“其他收入——投资收益”科目。

（2）短期投资的管理。短期投资是指单位依法取得的、持有时间不超过1年（含1年）的投资。单位是从事公益事业的非营利性经济组织，为了满足公众的需求，在保证完成单位事业任务完成的情况下，是可以利用国有资产进行对外投资，用来弥补财政经费的供给不足，促进各项事业的平衡发展。单位应当严格遵守国家法律、行政法规以及财政部门、主管部门关于对外投资的有关规定。不得从事股票、期货、基金、单位债券等投资，国家另有规定的除外。

5. 财政应返还额度

（1）财政应返还额度的核算。为核算实行国库集中收付的单位应收财政返还的资金额度，单位应当设置“财政应返还额度”（资产类）总账科目。其借方表示应收财政返还的资金额度增加数，贷方登记收回财政返还的资金额度，该科目期末借方余额，反映单位应收财政返还的资金额度。本账户应当设置“财政直接支付”“财政授权支付”两个明细账户，进行明细核算。其主要账务处理有如下两种情况。

一是财政直接支付。年度终了，单位根据本年度财政直接支付预算指标数与当年财政直接支付实际支出数的差额，借记本科目（财政直接支付），贷记“财政补助收入”科目。下年度恢复财政直接支付额度后，单位以财政直接支付方式发生实际支出时，借记有关科目，贷记本科目（财政直接支付）。

二是财政授权支付。年度终了，单位依据代理银行提供的对账单作注销额度的相关账务处理，借记本科目（财政授权支付），贷记“零余额账户用款额度”科目。单位本年度财政授权支付预算指标数大于零余额账户用款额度下达数的，根据未下达的用款额度，借记本科目（财政授权支付），贷记“财政补助收入”科目。下年初，单位依据代理银行提供的额度恢复到账通知书作恢复额度的相关账务处理，借记“零余额账户用款额度”科目，贷记本科目（财政授权支付）。单位收到财政部门批复的上年末未下达零余额账户用款额度时，借记“零余额账户用款额度”科目，贷记本科目（财政授权支付）。

（2）财政应返还额度的管理。财政应返还额度是指实行国库集中收付的单位年终应收财政下年度返还的资金额度，即反映结转下年度使用的用款额度。要注意的是，只有在已经纳入财政国库集中支付制度改革的单位才有财政应返还额度的业务，如果单位没有被纳入国库集中支付改革体系，就没有这项业务。

6. 应收及预付账款

应收及预付账款是单位应收未收、暂时垫付或预付给有关单位或个人而形成的一种停留在结算过程中的资金，体现为单位对有关单位或个人的一种债权，包括应收票据、应收账款、预付账款、其他应收款等内容。

（1）应收账款的核算。应收账款是因开展经营活动销售产品、提供有偿服务等而应收取的款项，如医院病人欠交的医药费等。

为了核算单位的应收账款，应设置“应收账款”（资产类）总账科目，借方登记发生的应收账款额，贷方登记应收账款的收回额，借方余额反映待结算应收账款的累计数。应收账款应按债务单位或个人名称设置明细账。本科目期末借方余额，反映单位尚未收回的应收账款。其主要账务处理如下。

第一，发生应收账款时，按照应收未收金额，借记本科目，按照确认的收入金额，贷记“经营收入”等科目，按照应交增值税金额，贷记“应交税费——应交增值税”科目。

第二，收回应收账款时，按照实际收到的金额，借记“银行存款”等科目，贷记本科目。

第三，逾期三年或以上、有确凿证据表明确实无法收回的应收账款，按规定报经批准后予以核销。核销的应收账款应在备查簿中保留登记。转入待处理资产时，按照待核销的应收账款金额，借记“待处理资产损溢”科目，贷记本科目；报经批准予以核销时，借记“其他支出”科目，贷记“待处理资产损溢”科目；已核销应收账款在以后期间收回的，按照实际收回的金额，借记“银行存款”等科目，贷记“其他收入”科目。

（2）预付款项的核算。预付账款是指单位按照购货、劳务合同规定预付给供应单位的款项。

为了核算单位的预付账款，应设置“预付账款”（资产类）总账科目。其借方登记预付款项发生数，贷方登记收到所购物品或劳务结算数及退回多付的款项数，借方余额反映实际预付但尚未结算的款项。本账户应按供应单位（或个人）名称设置明细账，进行明细核算。单位应当通过明细核算或辅助登记方式，登记预付账款的资金性质（区分财政补助资金、非财政专项资金和其他资金）。预付款项业务不多的单位也可以将预付的账款直接记入“应收账款”账户的借方，不设本账户。其主要账务处理有如下四种情况。

第一，发生预付账款时，按照实际预付的金额，借记本科目，贷记“零余额账户用款额度”“财政补助收入”“银行存款”等科目。

第二，收到所购物资或劳务，按照购入物资或劳务的成本，借记有关科目，按照相应预付账款金额，贷记本科目，按照补付的款项，贷记“零余额账户用款额度”“财政补助收入”“银行存款”等科目。

第三，收到所购固定资产、无形资产的，按照确定的资产成本，借记“固定资产”“无形资产”科目，贷记“非流动资产基金——固定资产、无形资产”科目；同时，按资产购置支出，借记“事业支出”“经营支出”等科目，按照相应预付账款金额，贷记本科目，按照补付的款项，贷记“零余额账户用款额度”“财政补助收入”“银行存款”等科目。

第四，逾期三年或以上、有确凿证据表明因供货单位破产、撤销等原因已无望再收到所购物资，且确实无法收回的预付账款，按规定报经批准后予以核销。核销的预付账款应在备查簿中保留登记。报经批准予以核销时，借记“其他支出”科目，贷记“待处理资产损溢”科目；已核销应收账款在以后期间收回的，按照实际收回的金额，借记“银行存款”等科目，贷记“其他收入”科目。

（3）应收、预付账款的管理。单位应加强对各种应收、预付款项的管理。具体是指：①严格控制各种应收、预付款项的额度；②按照提供劳务或有偿服务的合同协议，指定专人做好结算和催收工作，制订工作计划，按期足额回收，防止可能的意外和损失发生；③对各种应收、预付款项，应督促有关经办人员或单位，及时办理结账和结报手续；④对各种应收、预付款项，应按照购货或劳务合同的规定，按单位名称分科目设置有关的明细账，详细记载；⑤通过加强对应收、预付账款的管理，加速资金的周转，提高资产的使用效益。

7. 应收票据

（1）应收票据的核算。为了核算单位因从事经营活动或提供劳务而收到的商业汇票，应设置“应收票据”（资产类）总账科目。其借方登记单位收到应收票据的票面金额，贷方登记应收票据到期收回的金额，借方余额反映单位持有的商业汇票票面金额。

单位除了进行应收票据总分类核算外，还应设置“应收票据备查簿”，逐笔登记每张应收票据的种类、号数、出票日期、票面金额、付款人、承兑人、背书人的姓名或单位名称、到期日、收款日和收回金额等资料。其主要账务处理有如下四种情况。

第一，因开展经营活动销售产品、提供有偿服务等而收到的商业汇票，按照商业汇票的票面金额，借记本科目，贷记“经营收入”等有关账户。应收票据到期收回的票面金额，借记“银行存款”账户，贷记本科目。单位持未到期的应收票据向银行贴现，应按实际收到的金额（面值扣除贴现息后的净额），借记“银行存款”等账户，按贴现息部分，借记“经营支出”账户，按应收票据的票面金额，贷记本科目。

第二，持未到期的商业汇票向银行贴现，按照实际收到的金额（即扣除贴现息后的净额），借记“银行存款”科目，按照贴现息，借记“经营支出”等科目，按照商业汇票的票面金额，贷记本科目。

第三，将持有的商业汇票背书转让以取得所需物资时，按照取得物资的成本，借记有关科目，按照商业汇票的票面金额，贷记本科目，如有差额，借记或贷记“银行存款”等科目。

第四，商业汇票到期时，应当按照以下情况处理：①收回应收票据，按照实际收到的商业汇票票面金额，借记“银行存款”科目，贷记本科目；②因付款人无力支付票款，收到银行退回的商业承兑汇票、委托收款凭证、未付票款通知书或拒付款证明等，按照商业汇票的票面金额，借记“应收账款”科目，贷记本科目。

（2）应收票据的管理。应收票据是指单位因销售商品或者提供劳务时采用商业汇票方式进行结算而收到的商业汇票。商业汇票是指收款人或者付款人（或承兑申请人）签发，由承兑人承兑并于到期日向收款人或背书人支付款项的票据。

商业汇票按承兑人的不同，分为商业承兑汇票和银行承兑汇票。商业承兑汇票是指由收款人签发，经付款人承兑，或由付款人签发并承兑的票据。银行承兑汇票是指由收款人或承兑申请人签发，并由承兑申请人向银行申请，经银行审查同意承兑的票据。

商业票据的持票人可以将票据转让他人，转让时须在票据背面背书。经过背书的票据如果出票人或付款人到期不能兑付，背书人员负有连带责任。

8. 其他应收款

（1）其他应收款的核算。为了核算单位除应收票据、应收账款、预付账款以外的其他各种应收及暂付款项，应设置“其他应收款”（资产类）总账科目。借方登记发生的其他各种应收款，贷方登记收回的其他应收款数，借方余额反映尚未结算的其他应收款项。本账户应按其他应收款的项目和债务人设置明细账，进行明细核算。本科目期末借方余额，反映单位尚未收回的其他应收款。其主要账务处理有如下四种情况。

第一，发生其他各种应收及暂付款项时，借记本科目，贷记“银行存款”“库存现金”等科目。

第二，收回或转销其他各种应收及暂付款项时，借记“库存现金”“银行存款”等科目，贷记本科目。

第三，单位内部实行备用金制度的，有关部门使用备用金以后应当及时到财务部门报销并补足备用金。财务部门核定并发放备用金时，借记本科目，贷记“库存现金”等科目。根据报销数用现金补足备用金定额时，借记有关科目，贷记“库存现金”等科目，报销数和拨补数都不再通过本科目核算。

第四，逾期三年或以上、有确凿证据表明确实无法收回的其他应收款，按规定报经批准后予以核销。核销的其他应收款应在备查簿中保留登记。①转入待处置资产时，按照待核销的其他应收款金额，借记“待处置资产损溢”科目，贷记本科目；②报经批准予以核销时，借记“其他支出”科目，贷记“待处置资产损溢”科目；③已核销其他应收款在以后期间收回的，按照实际收回的金额，借记“银行存款”等科目，贷记“其他收入”科目。

（2）其他应收款的管理。其他应收款是指单位除财政应返还额度、应收票据、应收账款、预付账款以外的其他各项应收及暂付款项，如职工预借的差旅费、拨付给内部有关部门的备用金、应向职工收取的各种垫付款项等。其他应收款虽然与单位专业及辅助业务活动无直接联系，但它也是单位流动资产的重要组成部分。其他应收款中的备用金是指单位留存在财务部门以外部门或人员的现金。单位留存的现金，除了由财会部门集中保管的库存现金外，还有一部分是为满足单位内部经常使用现金的部门和人员日常零星而分散的现金支出。

单位其他应收款管理的三个要求：一是严格控制，单位应该严格控制此类款项的规模，能不借就不借、能少借就少借、能迟借就迟借；二是责任明确，实在必须发生的其他应收款应该履行规范的借支、报批手续，该签字的人必须签字；三是及时清理，一旦形成了其他应收款，该报账时一定要及时报账清账，对于同一对象借支的款项要做到原借未清的不能再借。

（二）固定资产的核算与管理

固定资产是指使用期限在一年以上，单位价值在规定标准以上，并在使用过程中基本保持原有物质形态的资产。单位价值虽未达到规定标准，但是耐用时间在一年以上的大批同类物资，应作为单位固定资产管理。

1. 固定资产的核算

为了核算单位的固定资产的原价，应设置“固定资产”（资产类）总账科目。其借方记增加的固定资产原值，贷方记减少的固定资产的原值，借方余额反映现有固定资产的原值总值。单位除了进行固定资产的总分类核算外，还应按固定资产分类设备明细账和固定资产卡片进行明细核算。

（1）固定资产在取得时，应当按照其实际成本入账。

第一，购入的固定资产，其成本包括购买价款、相关税费以及固定资产交付使用前所发生的可归属于该项资产的运输费、装卸费、安装调试费和专业人员服务费等。以一笔款项购入多项没有单独标价的固定资产，按照各项固定资产同类或类似资产市场价格的比例对总成本进行分配，分别确定各项固定资产的入账成本。

购入不需安装的固定资产，按照确定的固定资产成本，借记本科目，贷记“非流动资产基金——固定资产”科目；同时，按照实际支付金额，借记“事业支出”“经营支出”“专用基金——修购基金”等科目，贷记“财政补助收入”“零余额账户用款额度”“银行存款”等科目。

购入需要安装的固定资产，先通过“在建工程”科目核算。安装完工交付使用时，借记本科目，贷记“非流动资产基金——固定资产”科目；同时，借记“非流动资产基金——在建工程”科目，贷记“在建工程”科目。

购入固定资产扣留质量保证金的，应当在取得固定资产时，按照确定的成本，借记本科目（不需安装）或“在建工程”科目（需要安装），贷记“非流动资产基金——固定资产、在建工程”科目。同时取得固定资产全款发票的，应当同时按照构成资产成本的全部支出金额，借记“事业支出”“经营支出”“专用基金——修购基金”等科目，按照实际支付金额，贷记“财政补助收入”“零余额账户用款额度”“银行存款”等科目，按照扣留的质量保证金，贷记“其他应付款”[扣留期在1年以内（含1年）]或“长期应付款”（扣留期超过1年）科目；取得的发票金额不包括质量保证金的，应当同时按照不包括质量保证金的支出金额，借记“事业支出”“经营支出”“专用基金——修购基金”等科目，贷记“财政补助收入”“零余额账户用款额度”“银行存款”等科目。质保期满支付质量保证金时，借记“其他应付款”“长期应付款”科目，或借记“事业支出”“经营支出”“专用基金——修购基金”等科目，贷记“财政补助收入”“零余额账户用款额度”“银行存款”等科目。

第二，自行建造的固定资产，其成本包括建造该项资产至交付使用前所发生的全部必要支出。工程完工交付使用时，按自行建造过程中发生的实际支出，借记本科目，贷记“非流动资产基金固定资产”科目；同时，借记“非流动资产基金——在建工程”科目，贷记“在建工程”科目。已交付使用但尚未办理竣工决算手续的固定资产，按照估计价值入账，待确定实际成本后再进行调整。

第三，在原有固定资产基础上进行改建、扩建、修缮后的固定资产，其成本按照原固定资产账面价值（“固定资产”科目账面余额减去“累计折旧”科目账面余额后的净值）加上改建、扩建、修缮发生的支出，再扣除固定资产拆除部分的账面价值后的金额确定。将固定资产转入改建、扩建、修缮时，按固定资产的账面价值，借记“在建工程”科目，贷记“非流动资产基金——在建工程”科目；同时，按固定资产对应的非流动资产基金，借记“非流动资产基金——固定资产”科目，按固定资产已计提折旧，借记“累计折旧”科目，按固定资产的账面余额，贷记本科目。工程完工交付使用时，借记本科目，贷记“非流动资产基金——在建工程”科目。这里的账面价值是指某会计科目的账面余额减去相关备抵科目（如“累计折旧”“累计摊销”科目）账面余额后的净值。这里的账面余额是指某会计科目的账面实际余额。同时，借记“非流动资产基金——在建工程”科目，贷记“在建工程”科目。

第四，以融资租赁租入的固定资产，其成本按照租赁协议或者合同确定的租赁价款、相关税费以及固定资产交付使用前所发生的可归属于该项资产的运输费、途中保险费、安装调试费等确定。融资租入的固定资产，按照确定的成本，借记本科目（不需安装）或“在建工程”科目（需安装），按照租赁协议或者合同确定的租赁价款，贷记“长期应付款”科目，按照其差额，贷记“非流动资产基金——固定资产、在建工程”科目。同时，按照实际支付的相关税费、运输费、途中保险费、安装调试费等，借记“事业支出”“经营支出”等科目，贷记“财政补助收入”“零余额账户用款额度”“银行存款”等科目。定期支付租金时，按照支付的租金金额，借记“事业支出”“经营支出”等科目，贷记“财政补助收入”“零余额账户用款额度”“银行存款”等科目；同时，借记“长期应付款”科目，贷记“非流动资产基金——固定资产”科目。跨年度分期付款购入固定资产的账务处理，参照融资租入固定资产。

第五，接受捐赠、无偿调入的固定资产，其成本按照有关凭据注明的金额加上相关税费、运输费等确定；没有相关凭据的，其成本比照同类或类似固定资产的市场价格加上相关税费、运输费等确定；没有相关凭据、同类或类似固定资产的市场价格也无法可靠取得的，该固定资产按照名义金额入账。接受捐赠、无偿调入的固定资产，按照确定的固定资产成本，借记本科目（不需安装）或“在建工程”科目（需安装），贷记“非流动资产基金——固定资产、在建工程”科目；按照发生的相关税费、运输费等，借记“其他支出”科目，贷记“银行存款”等科目。

（2）计提固定资产折旧。按月计提固定资产折旧时，按照实际计提金额，借记“非流动资产基金——固定资产”科目，贷记“累计折旧”科目。

（3）与固定资产有关的后续支出。

第一，为增加固定资产使用效能或延长其使用年限而发生的改建、扩建或修缮等后续支出，应当计入固定资产成本，通过“在建工程”科目核算，完工交付使用时转入该科目。

第二，为维护固定资产的正常使用而发生的日常修理等后续支出，应当计入当期支出但不计入固定资产成本，借记“事业支出”“经营支出”等科目，贷记“财政补助收入”“零余额账户用款额度”“银行存款”等科目。

（4）报经批准出售、无偿调出、对外捐赠固定资产或以固定资产对外投资。

第一，出售、无偿调出、对外捐赠固定资产，转入待处置资产时，按照待处置固定资产的账面价值，借记“待处理资产损溢”科目，按照已计提折旧，借记“累计折旧”科目，按照固定资产的账面余额，贷记本科目。实际出售、调出、捐出时，按照处置固定资产对应的非流动资产基金，借记“非流动资产基金——固定资产”科目，贷记“待处理资产损溢”科目。出售固定资产过程中取得价款、发生相关税费以及出售价款扣除相关税费后的净收入的账务处理，参见“待处理资产损溢”科目。

第二，以固定资产对外投资，按照评估价值加上相关税费作为投资成本，借记“长期投资”科目，贷记“非流动资产基金——长期投资”科目，按发生的相关税费，借记“其他支出”科目，贷记“银行存款”“应交税费”等科目；同时，按照投出固定资产对应的非流动资产基金，借记“非流动资产基金——固定资产”科目，按照投出固定资产已计提折旧，借记“累计折旧”科目，按照投出固定资产的账面余额，贷记本科目。

（5）固定资产的清查盘点。单位的固定资产应当定期进行清查盘点，每年至少盘点一次。对于发生的固定资产盘盈、盘亏或者报废、毁损，应当及时查明原因，按规定报经批准后进行账务处理。

第一，盘盈的固定资产，按照同类或类似固定资产的市场价格确定入账价值；

同类或类似固定资产的市场价格无法可靠取得的，按照名义金额入账。盘盈的固定资产，按照确定的入账价值，借记本科目，贷记“非流动资产基金——固定资产”科目。

需要说明的是，固定资产盘点中发现闲置的固定资产，应当按照规定及时处理，使之合理流动，发挥效益，防止积压。

第二，盘亏或者毁损、报废的固定资产，转入待处置资产时，按照待处置固定资产的账面价值，借记“待处理资产损溢”科目，按照已计提折旧，借记“累计折旧”科目，按照固定资产的账面余额，贷记本科目。报经批准予以处置时，按照处置固定资产对应的非流动资产基金，借记“非流动资产基金——固定资产”科目，贷记“待处理资产损溢”科目。处置毁损、报废固定资产过程中所取得的收入、发生的相关费用，以及处置收入扣除相关费用后的净收入的账务处理，参见“待处置资产损溢”科目。

除会计部门进行固定资产总账核算外，财产管理部门也应设置一套固定资产明细账，根据固定资产的类别和财产品名设户，进行各种固定资产的收进、发出、余存的数量和金额的明细核算。

2. 固定资产的管理

首先，要建立健全的资产管理制度。这包括资产的采购、验收、使用、维护、报废等各个环节的规定和操作流程。通过制度化管理，可以确保资产的合理流动和使用，防止资产流失和浪费。

其次，应采用先进的信息化手段进行固定资产管理。通过建立资产管理系统，实现资产的电子化、网络化管理，可以大大提高管理效率和准确性。信息化手段还能帮助单位实时监控资产状态，及时进行维护和更新，确保资产处于最佳使用状态。

此外，定期对固定资产进行盘点和清查也是必不可少的。通过盘点，单位可以准确掌握资产的数量、状态和位置，及时发现并解决问题。同时，盘点结果还能为单位的决策提供有力支持，帮助单位更加合理地配置资源。

最后，加强员工培训也是提升固定资产管理水平的关键。单位应定期组织相关培训，提高员工对固定资产管理的认识和操作能力。只有员工充分认识到资产管理的重要性，并熟练掌握管理方法，才能确保固定资产管理工作的顺利进行。

二、负债的核算与管理

负债是指单位资产总额中属于债权人的那部分权益或利益，它代表的是单位对其债权人所应承担的全部经济责任。

（一）借入款项的核算

1. 短期借款

为核算单位借入的期限在 1 年内（含 1 年）各种借款，应设置“短期借款”（负债类）总账科目。贷方表示借入的短期借款本金，借方表示归还的短期借款本金，贷方余额表示单位尚未偿还的短期借款本金。该科目应当按照贷款单位和贷款种类进行明细核算。

第一，借入各种短期借款时，按照实际借入的金额，借记“银行存款”科目，贷记本科目。

第二，银行承兑汇票到期，本单位无力支付票款的，按照银行承兑汇票的票面金额，借记“应付票据”科目，贷记本科目。

第三，支付短期借款利息时，借记“其他支出”科目，贷记“银行存款”科目。

第四，归还短期借款时，借记本科目，贷记“银行存款”科目。

2. 长期借款

长期借款是指单位向银行或其他金融机构借入的期限超过 1 年（不含 1 年）的各种借款。为核算长期借款本金的增减结存变化，单位应设置“长期借款”账户。该账户属于负债性质，其贷方表示借入的长期借款本金，借方表示归还的长期借款本金，贷方余额表示单位尚未偿还的长期借款本金。本账户应当按照贷款单位和贷款种类进行明细核算。

第一，借入各项长期借款时，按照实际借入的金额，借记“银行存款”科目，贷记本科目。

第二，为购建固定资产支付的专门借款利息，按照以下情况处理。

属于工程项目建设期间支付的，计入工程成本，按照支付的利息，借记“在建工程”科目，贷记“非流动资产基金——在建工程”科目；同时，借记“其他支出”科目，贷记“银行存款”科目。

属于工程项目完工交付使用后支付的，计入当期支出但不计入工程成本，按照支付的利息，借记“其他支出”科目，贷记“银行存款”科目。

第三，其他长期借款利息，按照支付的利息金额，借记“其他支出”科目，贷记“银行存款”科目。

第四，归还长期借款时，借记本科目，贷记“银行存款”科目。

（二）应付款项的核算

应付款项包括应付职工薪酬、应付票据、应付账款、预收账款、长期应付款和其他应付款。

1. 应付职工薪酬

应付职工薪酬是指单位为获得职工提供的服务而按有关规定应付给职工及为职工支付的各种薪酬，包括基本工资、绩效工资、国家统一规定的津贴补贴、社会保险金、住房公积金等。

为了总括反映单位职工薪酬结算与分配情况，单位应当设置“应付职工薪酬”（负债类）总账科目。该科目核算单位按有关规定应付给职工及为职工支付的各种薪酬，包括基本工资、绩效工资、国家统一规定的津贴补贴、社会保险费、住房公积金等。贷方登记本月应发的各种职工薪酬，借方登记本月发放的各种职工薪酬，本科目期末贷方余额，反映单位应付未付的职工薪酬。年度终了，“应付职工薪酬”科目一般无余额。该科目应当根据国家规定按照“工资（离退休费）”“地方（部门）津贴补贴”“其他个人收入”以及“社会保险费”“住房公积金”等进行明细核算。

第一，计算当期应付职工薪酬，借记“事业支出”“经营支出”等科目，贷记本科目。

第二，向职工支付工资、津贴补贴等薪酬，借记本科目，贷记“财政补助收入”“零余额账户用款额度”“银行存款”等科目。

第三，按税法规定代扣代缴个人所得税，借记本科目，贷记“应交税费——应交个人所得税”科目。

第四，按照国家有关规定缴纳职工社会保险费和住房公积金，借记本科目，贷记“财政补助收入”“零余额账户用款额度”“银行存款”等科目。

第五，从应付职工薪酬中支付其他款项，借记本科目，贷记“财政补助收入”“零余额账户用款额度”“银行存款”等科目。

2. 应付票据

应付票据是指单位对外发生债务时所开出的、承兑的商业汇票，分为商业承兑汇票和银行承兑汇票。

为了核算单位对外发生债务时所开出的、承兑的商业汇票，应设置“应付票据”（负债类）总账科目。其贷方记开出、承兑汇票或以汇票抵押贷款数，借方记到期支付票面金额数，贷方余额反映已经开出承兑而尚未付款的应付票据数额。单位除应设置应付票据总账外，还应设置“应付票据备查簿”，详细登记每一应付票据的种类、号数、签发日期、到期日、票面金额、收款人姓名或单位名称，以及付款日期和金额等详细资料。应付票据到期付清时，应在备查簿内逐笔注销。

第一，开出、承兑商业汇票时，借记“存货”等科目，贷记本科目。以承兑商业汇票抵付应付账款时，借记“应付账款”科目，贷记本科目。

第二，支付银行承兑汇票的手续费时，借记“事业支出”“经营支出”等科目，贷记“银行存款”等科目。

第三，商业汇票到期时，应当分别按照以下情况处理：一是收到银行支付到期票据的付款通知时，借记本科目，贷记“银行存款”科目；二是银行承兑汇票到期，本单位无力支付票款的，按照汇票票面金额，借记本科目，贷记“短期借款”科目；三是商业承兑汇票到期，本单位无力支付票款的，按照汇票票面金额，借记本科目，贷记“应付账款”科目。

3. 应付账款

应付账款是指单位发生的，除应付票据以外的应付购货款及接受劳务的应付款项。为了核算单位因购买材料、物资和接受劳务供应而应付给供应单位的款项，应设置“应付账款”（负债类）总账科目。贷方登记应付未付的数额，借方登记偿付账款的数额，贷方余额反映应付而尚未支付的账款。本账户应按供应单位设明细账，主要适用于实行内部成本核算的单位。

第一，购入材料、物资等已验收入库但货款尚未支付的，按照应付未付金额，借记“存货”等科目，贷记本科目。

第二，偿付应付账款时，按照实际支付的款项金额，借记本科目，贷记“银行存款”等科目。

第三，开出、承兑商业汇票抵付应付账款，借记本科目，贷记“应付票据”科目。

第四，无法偿付或债权人豁免偿还的应付账款，借记本科目，贷记“其他收入”科目。

4. 预收账款

预收账款是指单位按照合同规定预收的款项。单位有时在销售产品或提供劳务以前，按合同规定，要向购货单位或接受劳务单位预收部分或全部款项。这些预收款需要单位在一定时间内交付货物或提供劳务来予以偿付。收到的款项是单位预收的账款，构成单位一项负债。在单位按照合同如期交货或提供劳务以后，预收账款才转为收入，债务才得以消除。

为了反映预收账款的增减变动情况，应设置“预收账款”（负债类）总账科目，核算单位按合同规定预收的款项。贷方登记单位从付款方预收款项，借方登记确认有关收入并转销的预收款项，期末贷方余额，反映单位按合同规定预收但尚未实际结算的款项。该科目应当按照债权单位（或个人）进行明细核算。

第一，从付款方预收款项时，按照实际预收的金额，借记“银行存款”等科目，贷记本科目。

第二，确认有关收入时，借记本科目，按照应确认的收入金额，贷记“经营收入”等科目，按照付款方补付或退回付款方的金额，借记或贷记“银行存款”等科目。

第三，无法偿付或债权人豁免偿还的预收账款，借记本科目，贷记“其他收入”科目。

5. 长期应付款

长期应付款是指单位发生的偿还期限在 1 年以上（不含 1 年）的应付款项。长期应付款除具有非流动负债的一般特点外，还具有分期付款性质，如单位采用融资租入固定资产形成的租赁费，可以确认为长期应付款，并且是在整个租赁期间逐期偿还的。

根据规定，单位应设置“长期应付款”（负债类）总账科目，用来核算单位发生的偿还期限在 1 年以上（不含 1 年）的应付款项。贷方登记确认的长期应付款，借方登记偿还的长期应付款，期末贷方余额，反映单位尚未支付的长期应付款。本科目应当按照长期应付款的类别以及债权单位（或个人）进行明细核算。

第一，发生长期应付款时，借记“固定资产”“在建工程”等科目，贷记本科目、“非流动资产基金”等科目。

第二，支付长期应付款时，借记“事业支出”“经营支出”等科目，贷记“银行存款”等科目；同时，借记本科目，贷记“非流动资产基金”科目。

第三，无法偿付或债权人豁免偿还的长期应付款，借记本科目，贷记“其他收入”科目。

6. 其他应付款

其他应付款是指单位应付、暂收其他单位或个人的款项，如租入固定资产的租金、存入保证金、应付统筹退休金、个人交存的住房公积金及应付给投资者的收益等。为了核算单位发生的应付、暂收的款项，应设置“其他应付款”（负债类）总账科目。

贷方登记发生的各种应付、暂收款项，借方登记应付暂收款的支付数，期末贷方余额反映单位尚未支付的应付、暂收款。本账户应按应付、暂收款项的类别或单位、个人设置明细账。

第一，发生其他各项应付及暂收款项时，借记“银行存款”等科目，贷记本科目。

第二，支付其他应付款项时，借记本科目，贷记“银行存款”等科目。

第三，无法偿付或债权人豁免偿还的其他应付款项，借记本科目，贷记“其他收入”科目。

（三）应缴款项的核算

应缴款项包括应缴税费、应交国库款和应缴财政专户款。

1. 应缴税费

应缴税费是指单位按税法规定应交纳的各种税金，主要包括：属于一般纳税人的单位应交的增值税，单位提供劳务或销售产品应交纳的税金（包括城市维护建设税、资源税等），有所得税业务的单位应交纳的所得税等。应交税费在上交前暂时停留在单位中，形成一笔短期负债；上交后，在一定期限内还要同国家进行清算，多交的退回，少交的要补交。单位要按规定及时足额地上交各种税金，以维护国家利益。

为了核算单位应缴纳的各种税金，应设置“应交税费”（负债类）总账科目。其贷方登记计算出的应交纳的税金数，借方登记交纳的税金数，贷方余额反映应交未交的税金数，期末如为借方余额，反映多交的税金数。各单位应按所交纳的税金种类进行明细核算。

（1）发生城市维护建设税、教育费附加纳税义务的。按税法规定计算的应交税费金额，如果是出售非流动资产，应交的税费借记“待处理资产损溢——处置净收入”科目，其他的应交税费则借记有关支出科目，贷记本科目。实际交纳时，借记本科目，贷记“银行存款”科目。

（2）属于增值税一般纳税人的单位发生的应交增值税核算。属于增值税一般纳税人的单位购入非自用材料的，按确定的成本（不含增值税进项税额），借记“存货”科目，按增值税专用发票上注明的增值税额，借记本科目（应交增值税——进项税额），按实际支付或应付的金额，贷记“银行存款”“应付账款”等科目。

属于增值税一般纳税人的单位所购进的非自用材料发生盘亏、毁损、报废、对外捐赠、无偿调出等税法规定不得从增值税销项税额中抵扣进项税额的，将所购进的非自用材料转入待处置资产时，按照材料的账面余额与相关增值税进项税额转出金额的合计金额，借记“待处理资产损溢”科目，按材料的账面余额，贷记“存货”科目，按转出的增值税进项税额，贷记本科目（应交增值税——进项税额转出）。

属于增值税一般纳税人的单位销售应税产品或提供应税服务，按包含增值税的价款总额，借记“银行存款”“应收账款”“应收票据”等科目，按扣除增值税销项税额后的价款金额，贷记“经营收入”等科目，按增值税专用发票上注明的增值税金额，贷记本科目（应交增值税——销项税额）。

属于增值税一般纳税人的单位实际交纳增值税时，借记本科目（应交增值税——已交税金），贷记“银行存款”科目。

属于增值税小规模纳税人的单位销售应税产品或提供应税服务，按实际收到或应收的价款，借记“银行存款”“应收账款”“应收票据”等科目，按实际收到或应收价款扣除增值税额后的金额，贷记“经营收入”等科目，按应交增值税金额，贷记本科目（应交增值税）。实际交纳增值税时，借记本科目（应交增值税），贷记“银行存款”科目。

（3）发生房产税、城镇土地使用税、车船税纳税义务的。按税法规定计算的应缴税金数额，借记有关科目，贷记本科目。实际缴纳时，借记本科目，贷记“银行存款”科目。

（4）代扣代缴个人所得税的。按税法规定计算应代扣代缴的个人所得税金额，借记“应付职工薪酬”科目，贷记本科目。实际交纳时，借记本科目，贷记“银行存款”科目。

（5）发生单位所得税纳税义务的。按税法规定计算的应缴税金数额，借记“非财政补助结余分配”科目，贷记本科目。实际交纳时，借记本科目，贷记“银行存款”科目。

（6）发生其他纳税义务的。按照应交纳的税费金额，借记有关科目，贷记本科目。实际交纳时，借记本科目，贷记“银行存款”等科目。

2. 应缴国库款

应缴国库款是单位按规定应缴入国家预算的收入。

单位的应缴国库款，主要包括以下六项：①单位代收的纳入预算管理的基金；②行政性收费收入，指公安、司法、民政、工商行政管理等部门所发各种证照、簿册，向有关个人和单位收取的工本费和手续费、商标注册费、单位登记费、公证费等；③罚没收入，指行政、工商、公安、司法、海关、税务等部门依法处理的罚没收入和没收物品的变价收入等；④无主财物变价收入；⑤追回的赃款、赃物变价收入；⑥其他按预算管理规定应上缴预算的款项。

（1）应缴国库款的核算。为了反映应缴国库款增减变动情况，单位应设置“应缴国库款”（负债类）总账科目，核算单位按规定应缴入国库的款项（应缴税费除外）。贷方登记取得的应缴国库款项，借方登记上缴的国库款项，期末贷方余额，反映单位应缴入国库但尚未缴纳的款项。本科目应当按照应缴国库的各款项类别进行明细核算。

第一，按规定计算确定或实际取得应缴国库的款项时，借记有关科目，贷记本科目。

第二，单位处置资产取得的应上缴国库的处置净收入的账务处理，参见“待处理资产损溢”科目。

第三，上缴款项时，借记本科目，贷记“银行存款”等科目。

（2）应缴国库款的内容及管理。应缴国库款属于国家财政性资金，单位应依法积极组织，并按时足额上缴，不得列入暂存不缴，不得挪用，不得误入非税资金“财政专户”，也不得以任何借口截留、坐支。各单位收到的应缴国库款应及时存入银行存款账户，并逐级上缴。应缴国库款原则上按月清缴，年终必须将当年的应缴国库款全部清缴入库。

3. 应缴财政专户款

应缴财政专户款是指单位按规定代收的应上缴财政专户储存的非税资金。非税资金是指国家机关、单位、社会团体、具有行政管理职能的单位主管部门和政府委托的其他机构，为履行或代行政府职能，依据国家法律、法规和具有法律效力的规章而收取、提取募集和安排使用的，未纳入国家预算管理的各种财政性资金。主要包括：法律、法规规定的行政事业性收费、基金和附加收入等；国务院或省级人民政府及其财政、计划（物价）部门审批的行政事业性收费；国务院以及财政部审批建立的基金、附加收入等；主管部门从属单位集中地上缴资金；用于乡镇政府开支的乡自筹和乡统筹资金；其他未纳入预算管理的财政性资金。

（1）应缴财政专户款的核算。为了核算单位按规定代收的应上缴财政专户的非税资金，应设置“应缴财政专户款”（负债类）总账账户。其贷方登记收到应缴财政专户的各项收入，借方登记上缴财政专户数额，贷方余额反映应缴未缴数额，年终本账户无余额。本账户应按非税资金的类别设置明细账。

第一，取得应缴财政专户的款项时，借记有关科目，贷记本科目。

第二，上缴款项时，借记本科目，贷记“银行存款”等科目。

（2）应缴财政专户款的管理。社会保障基金在国家财政建立社会保障预算制度以前，先按非税资金管理制度进行管理，专款专用，同时加强财政、审计监督。

单位和社会团体通过市场取得的不体现政府职能的经营、服务性收入，不作为预算外资金管理，收入可不上缴财政专户，但必须依法纳税，并纳入单位财务收支计划，实行收支统一核算。

非税资金是国家财政性资金，不是部门和单位的自有资金，必须纳入财政管理，实行“财政专户存储，收支两条线”管理。国家机关和受政府委托的部门、单位统一收取和使用的专项用于公共工程和社会事业的基金、收费以及社会保障基金等，收入全额上缴同级财政专户，支出按计划和规定用途专用，不得挪作他用，收支结余可结转下年度专项使用；各部门和各单位的其他非税资金，收入上缴同级财政专户，支出由财政结合预算内资金统筹安排，其中少数费用开支有特殊需要的非税资金，经财政部门核定收支计划后，可按确定的比例或按收支结余的数额定期缴入同级财政专户。

（四）负债的管理

1. 负债管理的目标和原则

负债管理作为单位财务管理的关键环节，承载着确保单位财务稳健运行的重要使命。其首要目标无疑是合理控制负债规模，这是防止因过度举债而触发财务风险的基础保障。过度举债可能会导致单位资金链紧张，甚至断裂，严重影响单位的正常运营和服务提供。因此，负债管理要通过科学分析和精准判断，设定合理的负债上限，确保单位的负债水平始终保持在可承受范围之内。

同时，负债管理不仅要关注负债的规模，更要着眼于如何通过优化债务结构，助力单位实现资金的高效利用。优化债务结构意味着要根据单位的实际情况和市场环境，合理配置长短期债务比例以及选择成本效益最优的融资方式。这样做不仅可以降低资金成本，还能提高资金的使用效率，从而提高单位的运营效益。

在实现这些目标的过程中，我们必须遵循几个关键原则。首先是安全性原则，这是负债管理的基石。任何举债行为都必须以确保单位的资金安全为前提，避免因债务问题引发的财务危机。这就要求我们在决策时要充分考虑各种风险因素，制定切实可行的风险防范和应对措施。

其次是流动性原则。单位在举债时，必须充分考虑债务的偿还期限和资金来源，确保债务能够及时清偿。这就要求我们做好现金流预测和规划，确保在债务到期时有足够的资金进行偿还，避免因资金短缺而导致的违约风险。

最后是效益性原则。负债管理不仅要关注风险控制和资金流动性，更要以提高单位整体经济效益为出发点和落脚点。这就要求我们在进行负债管理时，要充分考虑资金的成本效益，选择最优的融资方式和债务结构，以实现单位经济效益的最大化。

2. 负债管理的加强策略

在实际操作中，单位为确保有效的负债管理，可采纳一系列精细化的方法和策略。以下是对这些方法和策略的详尽论述。

第一，建立健全负债管理制度。单位必须制定一套详尽的负债管理制度，这套制度应明确负债的审批流程、使用规范以及偿还计划。每一项负债活动都应有明确的流程和规范，从而确保整个负债过程中的合规性和透明度。这样不仅可以防止因人为操作失误或违规行为而带来的财务风险，还能为单位营造一个健康、稳定的财务环境。

第二，合理规划负债结构。单位应根据自身的实际需求和财务状况，来精心规划长短期负债的比例。长期负债，因其偿还期限较长，更适合用于支持单位的长期发展项目和基础建设，如大型设备的购置、研发项目的投入等。而短期负债，则因其灵活性较高，更适用于应对临时性的资金需求，如季节性的运营成本增加、突发的项目支出等。通过合理的配置长短期负债，单位可以更好地平衡资金需求和财务风险。

第三，严格控制负债规模。单位应设定一个合理的负债上限，这一上限应基于单位的偿债能力、运营效益以及市场前景等多重因素来综合考量。同时，单位还需根据自身的经营状况和资金流情况，动态地调整负债规模。这样做可以有效地避免因过度举债而导致的财务风险，确保单位的稳健运营。

第四，加强债务风险的监测和预警机制。单位应建立一套完善的债务风险监测机制，定期对自身的负债状况进行全面的评估和分析。一旦发现潜在的财务风险或异常情况，单位应立即采取相应的防范措施，及时化解风险，确保财务安全。

第五，提高资金的使用效率。单位应优化债务资金的使用方式，确保每一分钱都能投入到能够产生最大经济效益的项目中去。与此同时，加强预算管理也是必不可少的，通过精确的预算和严格的执行，单位可以减少不必要的开支，从而有效地减轻债务压力。

第六，建立偿债保障机制。这包括设立专门的用于在必要时提供资金支持的偿债基金。同时，单位还应加强与债权人的沟通与合作，确保在债务到期时能够准时、足额地清偿债务，从而维护单位的信誉和长期合作关系。

第七，利用现代科技手段来提高负债管理的水平。通过引入先进的财务管理软件和信息系统，单位可以实现负债数据的实时监控和分析。这种数据化、智能化的管理方式不仅可以提高负债管理的效率和准确性，还能帮助单位更好地把握市场动态和财务风险，从而作出更为明智的决策。

第二节　净资产的核算与管理

净资产是指单位资产扣除负债后的余额，体现单位实际占有或使用的资产净值。国家拥有单位净资产的所有权，单位实际占有或使用净资产，单位处置各项净资产应当符合国家有关规定，要报经财政部门、上级主管单位的批准。单位可以按规定使用净资产，用于未来的事业发展或特定的使用方向。单位的净资产包括基金类净资产和结转结余类净资产两大类。

一、财政补助结转与非财政补助结转的核算

（一）财政补助结转的核算

财政补助结转是指单位滚存的需要结转到下一年度按原用途继续使用的财政补助资金，包括基本支出结转和项目支出结转。基本支出结转是指用于基本支出的财政补助收入减去财政补助基本支出后的差额，包括人员经费和日常公用经费。项目支出结转是指用于尚未完成项目的财政补助收入减去财政补助项目支出后的差额。项目支出结转主要包括：项目当年已执行但尚未完成而形成的结转资金；项目因故未执行，需要推迟到下年执行形成的结转资金；项目需要跨年度执行，但项目支出预算已一次性安排形成的结转资金。基本支出结转和项目支出结转原则上均需结转至下年按原用途继续使用，相互之间不得挪用。单位形成的财政补助结转资金，应当按照财政部门的规定处理。

1. 财政补助结转的科目设置

单位设置“财政补助结转”科目，核算单位滚存的财政补助结转资金。单位发生需要调整以前年度财政补助结转的事项，通过本科目核算。本科目应当设置“基本支出结转”“项目支出结转”两个明细科目，并在“基本支出结转”明细科目下按照“人员经费”“日常公用经费”进行明细核算，在“项目支出结转”明细科目下按照具体项目进行明细核算；本科目还应按照《政府收支分类科目》中“支出功能分类科目”的相关科目进行明细核算。本科目期末贷方余额，反映单位财政补助结转资金数额。

2. 财政补助结转的账务处理

期末，将财政补助收入本期发生额结转入本科目，借记“财政补助收入——基本支出、项目支出”科目，贷记“财政补助结转”科目（基本支出结转、项目支出结转）；将事业支出（财政补助支出）本期发生额结转入本科目，借记“财政补助结转”科目（基本支出结转、项目支出结转），贷记“事业支出——财政补助支出（基本支出、项目支出）”或“事业支出——基本支出（财政补助支出）、项目支出（财政补助支出）”科目。

年末，完成上述结转后，应当对财政补助各明细项目执行情况进行分析，按照有关规定将符合财政补助结余性质的项目余额转入财政补助结余，借记或贷记“财政补助结转”（项目支出结转——××项目）科目，贷记或借记“财政补

助结余”科目。

按规定上缴财政补助结转资金或注销财政补助结转额度的，按照实际上缴资金数额或注销的资金额度数额，借记“财政补助结转”科目，贷记“财政应返还额度”“零余额账户用款额度”“银行存款”等科目。取得主管部门归集调入财政补助结转资金或额度的，做相反会计分录。

（二）非财政补助结转的核算

非财政补助结转是指单位除财政补助收支以外的各专项资金收支相抵后剩余滚存的、须按规定用途使用的结转资金。

非财政补助结转资金有两个特点：一是属于非财政补助资金；二是属于专项资金。非财政补助收入包括专项资金收入和非专项资金收入，专项资金收入必须按规定用途使用，用于专项事业支出和其他支出。各专项资金收入与其相关支出相抵后，形成的非财政补助结转资金按照规定应结转至下一年度按原项目原用途继续使用。

单位的非财政补助结转，应当在年末进行处理。年末，对每个项目的执行情况进行分析，区分已完成项目和未完成项目。未完成项目的结转资金结转下年度继续使用；已完成项目的剩余资金按项目规定处理，或缴回原专项资金拨款单位，或转入事业基金留归本单位使用。

1. 非财政补助结转的科目设置

单位设置“非财政补助结转”科目，核算单位除财政补助收支以外的各专项资金收入与其相关支出相抵后剩余滚存的、须按规定用途使用的结转资金。单位发生需要调整以前年度非财政补助结转的事项，通过本科目核算。本科目应当按照非财政专项资金的具体项目进行明细核算。本科目期末贷方余额，反映单位非财政补助专项结转资金数额。

2. 非财政补助结转的账务处理

期末，将事业收入、上级补助收入、附属单位上缴收入、其他收入本期发生额中的专项资金收入结转入“非财政补助结转”科目，借记“事业收入”“上级补助收入”“附属单位上缴收入”“其他收入”科目下各专项资金收入明细科目，贷记“非财政补助结转”科目；将事业支出、其他支出本期发生额中的非财政专项资金支出结转入“非财政补助结转”科目，借记“非财政补助结转”科目，贷记“事业支出——非财政专项资金支出”或“事业支出——项目支出（非财政专项资金支出）”“其他支出”科目下各专项资金支出明细科目。

年末，完成上述结转后，应当对非财政补助专项结转资金各项目情况进行分析，将已完成项目的项目剩余资金区分以下情况处理：缴回原专项资金拨入单位的，借记“非财政补助结转”科目（××项目），贷记“银行存款”等科目；留归本单位使用的，借记“非财政补助结转”科目（××项目），贷记“事业基金”科目。

二、财政补助结余与非财政补助结余的核算

（一）财政补助结余的核算

财政补助结余是单位滚存的已完成项目剩余的财政补助资金，即单位已经完成项目的财政补助收入减去财政补助项目支出后的差额。主要包括：项目完成形成的结余；由于受政策变化、计划调整等因素影响，项目终止、撤销形成的结余；对某一预算年度安排的项目支出连续两年未使用，或者连续三年仍未使用完而形成的剩余资金等。财政补助结余资金无须结转到下年继续使用，应统筹用于编制以后年度部门预算，或按规定上缴或注销。

财政补助结余只在年末进行处理，平时不需要核算。年末，单位应当对财政补助项目执行情况进行分析，将已经完成预算工作目标或因故终止的项目当年剩余的资金，从“财政补助结转——项目支出结转”转到“财政补助结余”科目。

单位形成的财政补助结余资金，应当按照财政部门的规定处理。财政补助结余不参与单位的结余分配、不转入事业基金。年度结余的财政补助结余资金，或按规定上缴，或注销资金额度，或经批准转为其他用途。

1. 财政补助结余的科目设置

单位设置“财政补助结余”科目，核算单位滚存的财政补助项目支出结余资金。单位发生需要调整以前年度财政补助结余的事项，通过本科目核算。本科目应当按照《政府收支分类科目》中“支出功能分类科目”的相关科目进行明细核算。本科目期末贷方余额，反映单位财政补助结余资金数额。

2. 财政补助结余的账务处理

年末，对财政补助各明细项目执行情况进行分析，按照有关规定将符合财政补助结余性质的项目余额转入财政补助结余，借记或贷记“财政补助结转——项目支出结转（××项目）”科目，贷记或借记“财政补助结余”科目。

按规定上缴财政补助结余资金或注销财政补助结余额度的，按照实际上缴资金数额或注销的资金额度数额，借记“财政补助结余”科目，贷记“财政应返还额度”“零余额账户用款额度”“银行存款”等科目。取得主管部门归集调入财政补助结余资金或额度的，做相反会计分录。

（二）非财政补助结余分配的核算

非财政补助结余分配是指按照规定将单位的非财政补助结余（包括事业结余和经营结余）在国家、单位、职工之间进行分配。

年末，单位的非财政补助结余应当转入“非财政补助结余分配”科目进行分配。可进行分配的非财政补助结余资金，包括单位的年度事业结余（或事业亏损，即“事业结余”科目的借方余额）和年度经营结余（不包括经营亏损，即“经营结余”科目的借方余额）。

财政补助形成的结余资金不得转入“非财政补助结余分配”中，各项结转资金也不进行分配。

1. 非财政补助结余分配的科目设置

单位设置“非财政补助结余分配”科目，核算单位本年度非财政补助结余分配的情况和结果。年末结账后，本科目应无余额。

2. 非财政补助结余分配的账务处理

年末，将“事业结余”科目余额结转入本科目，借记或贷记“事业结余”科目，贷记或借记“非财政补助结余分配”科目；将“经营结余”科目贷方余额结转入本科目，借记“经营结余”科目，贷记“非财政补助结余分配”科目。

有单位所得税缴纳义务的单位计算出应缴纳的单位所得税，借记“非财政补助结余分配”科目，贷记“应缴税费——应缴单位所得税”科目。

按照有关规定提取职工福利基金的，按提取的金额，借记“非财政补助结余分配”科目，贷记“专用基金——职工福利基金”科目。

年末，按规定完成上述处理后，将本科目余额结转入事业基金，借记或贷记“非财政补助结余分配”科目，贷记或借记“事业基金”科目。

三、事业结余与事业基金的核算

（一）事业结余的核算

事业结余是单位一定期间除财政补助收支、非财政专项资金收支和经营收支以外各项收支相抵后的余额，属于非财政补助结余。年末，应当将本年度累计形成的事业结余（或事业亏损）全部转入非财政补助结余分配。

1. 事业结余的科目设置

单位设置“事业结余”科目，核算单位一定期间除财政补助收支、非财政专项资金收支和经营收支以外各项收支相抵后的余额。本科目期末如为贷方余额，反映单位自年初至报告期末累计实现的事业结余；如为借方余额，反映单位自年初至报告期末累计发生的事业亏损。年末结账后，本科目应无余额。

2. 事业结余的账务处理

期末，将事业收入、上级补助收入、附属单位上缴收入、其他收入本期发生额中的非专项资金收入结转入本科目，借记“事业收入”“上级补助收入”“附属单位上缴收入”“其他收入”科目下各非专项资金收入明细科目，贷记“事业结余”科目；将事业支出、其他支出本期发生额中的非财政、非专项资金支出，以及对附属单位补助支出、上缴上级支出的本期发生额结转入本科目，借记“事业结余”科目，贷记“事业支出——其他资金支出”或“事业支出——基本支出（其他资金支出）、项目支出（其他资金支出）”科目、“其他支出”科目下各非专项资金支出明细科目、“对附属单位补助支出”“上缴上级支出”科目。

年末，完成上述结转后，将本科目余额结转入“非财政补助结余分配”科目，借记或贷记“事业结余”科目，贷记或借记“非财政补助结余分配”科目。

（二）事业基金的核算

事业基金是指单位拥有的非限定用途的净资产，其来源主要为非财政补助结余扣除结余分配后滚存的金额。具体而言，单位的事业基金来源有三：一是非财政补助结余扣除结余分配后滚存的金额；二是留归本单位使用的非财政补助专项（已完成项目）剩余资金；三是对外转让或到期收回长期债券投资的成本金额。事业基金一般对应单位的流动资产，当单位用货币资金对外长期投资时，应将其转为非流动资产基金。收回货币资金的长期投资时，再将其转回到事业基金。

事业基金没有限定的用途，不直接安排各项支出，主要用于弥补以后年度单位的收支差额，调节年度之间的收支平衡。但是，单位应当加强事业基金的管理，遵循收支平衡的原则，统筹安排、合理使用，支出不得超出基金规模。

1. 事业基金的科目设置

单位设置“事业基金”科目，核算单位拥有的非限定用途的净资产，主要为非财政补助结余扣除结余分配后滚存的金额。单位发生需要调整以前年度非财政补助结余的事项，通过本科目核算。国家另有规定的，从其规定。本科目期末贷方余额，反映单位历年积存的非限定用途净资产的金额。

2. 事业基金的账务处理

第一，年末，将“非财政补助结余分配”科目余额转入事业基金，借记或贷记“非财政补助结余分配”科目，贷记或借记“事业基金”科目。

第二，年末，将留归本单位使用的非财政补助专项（项目已完成）剩余资金转入事业基金，借记“非财政补助结转——××项目”科目，贷记“事业基金”科目。

第三，以货币资金取得长期股权投资、长期债券投资，按照实际支付的全部价款（包括购买价款以及税金、手续费等相关税费）作为投资成本，借记“长期投资”科目，贷记“银行存款”等科目；同时，按照投资成本金额，借记“事业基金”科目，贷记“非流动资产基金——长期投资”科目。

第四，对外转让或到期收回长期债券投资本息，按照实际收到的金额，借记“银行存款”等科目，按照收回长期投资的成本，贷记“长期投资”科目，按照其差额，贷记或借记“其他收入——投资收益”科目；同时，按照收回长期投资对应的非流动资产基金，借记“非流动资产基金——长期投资”科目，贷记“事业基金”科目。

四、净资产的管理要求及措施

（一）净资产的管理要求

第一，准确性。净资产的核算工作必须做到准确无误，这意味着每一项资产和负债都必须得到精确计量和详细记录。单位应建立起严格的会计制度和核算流程，确保每一笔交易都被准确无误地反映在财务报表上。只有这样，单位的财务状况才能得到真实、全面的展示，才能为管理层提供可靠的决策依据。

第二，安全性。净资产是单位的重要财富，必须确保其安全无虞。为了防止资产流失或被非法侵占，单位需要建立健全内部控制体系。这包括对资产进行定期的盘点和核查，确保账实相符，及时发现并纠正可能存在的问题。同时，通过加强安全防范措施，如安装监控设备、建立严格的出入库制度等，进一步保障资产的安全。

第三，流动性。单位应保持足够的流动资产，以便随时应对可能的短期债务和突发情况。这就要求单位在资产配置时要充分考虑流动性需求，确保在需要时能够迅速变现。合理的资产配置不仅能够提高单位的抗风险能力，还能够为单位的稳健运营提供有力保障。

第四，增值性。净资产的管理不仅要关注保值，更要寻求合理的增值途径。单位应积极探索有效的投资策略，通过合理的资产配置和投资组合，实现净资产的稳步增长。同时，通过加强资产管理，提高资产使用效率，进一步促进净资产的增值。这样不仅能够增强单位的财务实力，还能够为单位的长期发展奠定坚实基础。

（二）净资产的管理措施

为了有效地管理净资产，单位必须采取一系列综合措施。这些措施涵盖了内部控制的完善、资产的定期清查、资产配置的优化、预算管理的强化、风险管理的加强以及人员素质的提高。

首先，完善内部控制是确保净资产管理效率的基础。单位应建立健全内部控制体系，这一体系需要明确各部门和人员的具体职责与权限。通过明确的职责划分，可以避免管理上的重叠和空白，从而提高整个组织的运营效率。此外，内部控制的规范化和制度化能够确保资产管理的每一个环节都有明确的操作流程和标准，从而大大减少人为错误和违规操作的可能性。

其次，定期资产清查是保障资产安全的重要手段。单位应定期对自身的资产进行全面清查，这不仅能确保账面上的资产与实际相符，还能及时发现并解决资产管理过程中可能存在的问题。在清查过程中，一旦发现盘盈或盘亏的资产，必须立即查明原因并采取相应的处理措施，以确保资产的安全和完整。

再次，在资产配置方面，单位应根据自身的实际情况和市场环境进行合理配置。这要求单位对市场趋势有深入的了解和准确的判断，以便在风险与收益之间找到最佳的平衡点。同时，对于那些长期闲置或低效使用的资产，单位应及时进行调整或处置，以释放被占用的资源，提高资产的使用效率。

此外，加强风险管理也是净资产管理中不可忽视的一环。单位应建立完善的风险管理机制，对可能影响净资产的各种风险进行及时识别、准确评估和有效控制。通过采用多元化的投资策略和风险控制措施，单位可以降低资产损失的风险，确保净资产的稳健增长。

最后，提高人员素质是保障净资产管理效率和质量的关键因素。单位应加强对财务人员的培训和教育，不断提高他们的专业素养和职业道德水平。通过专业的培训，可以确保净资产管理工作的专业性和规范性，从而提高整个单位的管理水平和运营效率。

第三节　收入、支出的核算与管理

一、收入的核算与管理

单位收入是指单位为开展业务活动，依法取得的非偿还性资金。

（一）财政补助收入的核算

1. 财政补助收入的科目设置

为了核算单位从同级财政部门取得的各类财政拨款，在收入要素类设立“财政补助收入”总账科目。本科目贷方登记实际收到的财政补助收入数，借方登记财政补助收入的缴回和结转数。期末，将本科目本期发生额转入财政补助结转。期末结账后，本科目应无余额。

本科目应当设置“基本支出”和“项目支出”两个明细科目；两个明细科目下按照《政府收支分类科目》中“支出功能分类”的相关科目进行明细核算；同时在“基本支出”明细科目下按照“人员经费”和“日常公用经费”科目进行明细核算，在“项目支出”明细科目下按照具体项目进行明细核算。

2. 财政补助收入的账务处理

（1）财政直接支付方式。财政直接支付方式下，对财政直接支付的支出，单位根据财政国库支付执行机构委托代理银行转来的财政直接支付入账通知书及原始凭证，按照通知书中的直接支付入账金额，借记有关科目，贷记本科目。

因购货退回等发生国库直接支付款项退回的，属于本年度支付的款项，按照退回金额，借记本科目，贷记“事业支出”“存货”等有关科目；属于以前年度支付的款项，不在本科目核算，按照退回金额，借记“财政应返还额度”科目，贷记“财政补助结转”“财政补助结余”“存货”等有关科目。

年度终了，根据本年度财政直接支付预算指标数与当年财政直接支付实际支出数的差额，借记“财政应返还额度——财政直接支付”科目，贷记本科目。

（2）财政授权支付方式。财政授权支付方式下，单位根据代理银行转来的财政授权支付额度到账通知书，按照通知书中的授权支付额度，借记“零余额账户用款额度”科目，贷记本科目。

年度终了，单位本年度财政授权支付预算指标数大于零余额账户用款额度下达数的，根据未下达的用款额度，借记“财政应返还额度——财政授权支付”科目，贷记本科目。

其他方式下，实际收到财政补助收入时，按照实际收到的金额，借记“银行存款”等科目，贷记本科目。

（3）财政补助收入期末转账。期末，将本科目本期发生额转入财政补助结转，借记本科目，贷记“财政补助结转”科目。

（二）上级补助收入的核算

1. 上级补助收入的科目设置

为了核算单位从主管部门和上级单位取得的非财政补助收入，在收入要素类设置“上级补助收入”总账科目。本科目贷方登记实际收到的非财政补助收入数；借方登记非财政补助收入的缴回和结转数；期末结账后，本科目应无余额。

本科目应当按照发放补助单位、补助项目、《政府收支分类科目》中“支出功能分类”相关科目等进行明细核算。上级补助收入中如有专项资金收入，还应按具体项目进行明细核算。

2. 上级补助收入的账务处理

（1）收到上级补助收入时，按照实际收到的金额，借记“银行存款”等科目，贷记本科目。

（2）期末，将本科目本期发生额中的非财政专项资金收入结转入非财政补助结转，借记本科目下各非财政专项资金收入明细科目，贷记“非财政补助结转”科目；将本科目本期发生额中的非财政非专项资金收入结转入事业结余，借记本科目下各非财政非专项资金收入明细科目，贷记“事业结余”科目。

单位从同级财政部门取得的各类财政拨款属于财政补助收入，来源于财政国库的预算资金和财政专户的预算外资金，但不包括从财政专户返还的事业收入和政府对单位的基本建设投资。

单位从主管部门和上级单位取得的非财政补助收入属于上级补助收入，来源于上级单位的自身组织的收入（事业收入、经营收入）和集中下级单位的收入（附属单位上缴收入）拨给单位的资金。属于单位的正常业务资金，弥补支大于收的单位资金的不足。

所以财政部门通过主管部门或上级单位转拨的财政资金，应作为财政补助收入处理，不能作为上级补助收入。

（三）事业收入的核算

1. 事业收入的科目设置

为了核算单位开展专业业务活动及其辅助活动取得的收入，在收入要素类设置“事业收入”总账科目。本科目贷方登记单位开展专业业务活动及其辅助活动取得的收入及从财政专户核拨的资金和经核准不上缴国库或者财政专户的资金；借方登记收入减少数。期末，将本科目余额转入事业结余或非财政补助结转，期末结账后，本科目应无余额。

本科目应当按照事业收入类别、项目、《政府收支分类科目》中“支出功能分类”相关科目等进行明细核算。

事业收入中如有专项资金收入，还应按具体项目进行明细核算。

2. 事业收入的账务处理

（1）采用财政专户返还方式管理的事业收入主要账务处理。收到应上缴财政专户的事业收入时，按照收到的款项金额，借记“银行存款”“库存现金”等科目，贷记“应缴财政专户款”科目。

向财政专户上缴款项时，按照实际上缴的款项金额，借记“应缴财政专户款”科目，贷记“银行存款”等科目。

收到从财政专户返还的事业收入时，按照实际收到的返还金额，借记“银行存款”等科目，贷记本科目。

（2）其他事业收入的主要账务处理。收到事业收入时，按照收到的款项金额，借记“银行存款”“库存现金”等科目，贷记本科目。涉及增值税业务的，相关账务处理参照“经营收入”科目。

（3）期末结转结余的账务处理。期末，将本科目本期发生额中的非财政专项资金收入结转入非财政补助结转，借记本科目下各非财政专项资金收入明细科目，贷记“非财政补助结转”科目。

期末，将本科目本期发生额中的非财政非专项资金收入结转入事业结余，借记本科目下各非财政非专项资金收入明细科目，贷记“事业结余”科目。

（四）其他收入的核算

1. 其他收入的科目设置

为了核算单位除财政补助收入、事业收入、上级补助收入、附属单位上缴收入、经营收入以外的其他收入，在收入要素类设置“其他收入”总账科目。本科目贷方登记其他收入的增加数；借方登记其他收入的减少数。期末，将本科目余额转入事业结余或非财政补助结转，期末结账后，本科目应无余额。

本科目应当按照其他收入的类别、《政府收支分类科目》中“支出功能分类”相关科目等进行明细核算。

对于单位对外投资实现的投资净损益，应单设“投资收益”明细科目进行核算；其他收入中如有专项资金收入（如限定用途的捐赠收入），还应按具体项目进行明细核算。

2. 其他收入的账务处理

（1）取得投资收益的主要账务处理。对外投资持有期间收到利息、利润等时，按实际收到的金额，借记“银行存款”等科目，贷记本科目（投资收益）。

出售或到期收回国债投资本息，按照实际收到的金额，借记“银行存款”等科目，按照出售或收回国债投资的成本，贷记“短期投资”“长期投资”科目，按其差额，贷记或借记本科目（投资收益）。

（2）取得银行存款利息收入、租金收入的主要账务处理。收到银行存款利息、资产承租人支付的租金，按照实际收到的金额，借记“银行存款”等科目，贷记本科目。

（3）收到捐赠收入的主要账务处理。接受捐赠现金资产，按照实际收到的金额，借记“银行存款”等科目，贷记本科目。

接受捐赠的存货验收入库，按照确定的成本，借记“存货”科目，按照发生的相关税费、运输费等，贷记“银行存款”等科目，按照其差额，贷记本科目。

注意：接受捐赠固定资产、无形资产等非流动资产，不通过本科目核算。

（4）现金盘盈收入的主要账务处理。每日现金账款核对中如发现现金溢余，属于无法查明原因的部分，借记“库存现金”科目，贷记本科目。

（5）存货盘盈收入的主要账务处理。盘盈的存货按照确定的入账价值，借记“存货”科目，贷记本科目。

（6）收回已核销应收及预付款项的主要账务处理。已核销应收账款、预付账款、其他应收款在以后期间收回的，按照实际收回的金额，借记“银行存款”等科目，贷记本科目。

（7）无法偿付的应付及预收款项的主要账务处理。无法偿付或债权人豁免偿还的应付账款、预收账款、其他应付款及长期应付款，借记“应付账款”“预收账款”“其他应付款”“长期应付款”等科目，贷记本科目。

（8）期末结转结余的主要账务处理。期末，将本科目本期发生额中的非财政专项资金收入结转入非财政补助结转，借记本科目下各非财政专项资金收入明细科目，贷记“非财政补助结转”科目。期末，将本科目本期发生额中的非财政非专项资金收入结转入事业结余，借记本科目下各非财政非专项资金收入明细科目，贷记“事业结余”科目。

（五）收入管理的要求

单位收入全部纳入单位预算，统一核算，统一管理。单位对按照规定上缴国库或者财政专户的资金，应当按照国库集中收缴的有关规定及时足额上缴，不得隐瞒、滞留、截留、挪用和坐支。具体要求如下。

1. 依法取得收入

单位收入的取得必须注意其合法性和合理性，必须依据国家的法律、法规、政策规定的收费标准、收费项目取得，并使用符合国家规定的合法票据。各单位应建立健全各项收费管理制度，切实加强收入管理，保证收入的合法性与合理性，充分利用现有条件积极组织收入，提升自我发展能力。

2. 科学分类管理

单位收入来源是多渠道、多形式的，所以将收入划分为财政补助收入、上级补助收入、事业收入、经营收入、附属单位上缴收入和其他收入六大类，要注意划清财政补助收入和上级补助收入、事业收入和经营收入、经营收入和附属单位上缴收入等各项收入的界限，实行科学分类管理，依法缴纳各种税费。

3. 坚持把社会效益放在首位

单位是以增进社会福利，满足社会文化、教育、科学、卫生等方面需要，提供各种社会服务为直接目的的社会组织，不以营利为直接目的，其工作成果与价值不直接表现或主要不表现为可以估量的物质形态或货币形态。单位的实质就是提供公共服务，主要满足社会发展和公众的需求，所追求的首先是社会效益。有些单位在保证社会效益的前提下，为实现单位的健康发展和社会服务系统的良性循环，根据国家规定向接受服务或购买商品的单位或个人收取一定的费用。要正确处理社会效益和经济效益的关系，在获得社会效益的前提下讲求经济效益。

4. 各项收入全部纳入单位预算

所有单位的收入，不论其来源是财政拨款还是其他非财政拨款，都必须完整地纳入单位的预算体系，进行统一的核算与管理。这一规定旨在保障单位财务的全面性和准确性，从而有效防范任何潜在的财务漏洞或违规操作。

5. 加强对应缴资金的管理

关于应缴资金的管理，单位必须严格遵守国库集中收缴的相关规定，确保及时、足额地上缴所有应缴资金。任何形式的隐瞒、滞留、截留、挪用或坐支行为都是严格禁止的，以充分保障公共资金的安全性和有效性。通过这些严格的管理措施，单位能够建立一个规范、透明且高效的财务管理体系。

二、支出的核算与管理

支出是指单位开展业务及其他活动所发生的资金耗费和损失。

（一）事业支出的核算

1. 事业支出的科目设置

为了核算单位开展专业业务活动及其辅助活动发生的基本支出和项目支出，在支出要素类设置“事业支出”总账科目。本科目借方登记事业支出的增加数；贷方登记事业支出的减少数；借方余额反映实际支出累计数。期末结账后，本科目应无余额。

本科目应当按照“基本支出”和“项目支出”，“财政补助支出”“非财政专项资金支出”和“其他资金支出”等层级进行明细核算；“基本支出”和“项目支出”明细科目下应当按照《政府收支分类科目》中“支出经济分类”的“款”级科目进行明细核算；同时在“项目支出”明细科目下按照具体项目进行明细核算。

2. 事业支出的账务处理

（1）为从事专业业务活动及其辅助活动人员计提的薪酬等，借记本科目，贷记“应付职工薪酬”等科目。

（2）开展专业业务活动及其辅助活动领用的存货，按领用存货的实际成本，借记本科目，贷记“存货”科目。

（3）开展专业业务活动及其辅助活动中发生的其他各项支出，借记本科目，贷记“库存现金”“银行存款”“零余额账户用款额度”“财政补助收入”等科目。

（4）期末，将本科目（财政补助支出）本期发生额结转入“财政补助结转”科目，借记“财政补助结转——基本支出结转、项目支出结转”科目，贷记本科目（财政补助支出——基本支出、项目支出）或本科目（基本支出——财政补助支出、项目支出——财政补助支出）；将本科目（非财政专项资金支出）本期发生额结转入“非财政补助结转”科目，借记“非财政补助结转”科目，贷记本科目（非财政专项资金支出）或本科目（项目支出——非财政专项资金支出）；将本科目（其他资金支出）本期发生额结转入“事业结余”科目，借记“事业结余”科目，贷记本科目（其他资金支出）或本科目（基本支出——其他资金支出、项目支出——其他资金支出）。

（二）上缴上级支出的核算

1. 上缴上级支出的科目设置

为了核算单位按照财政部门和主管部门的规定上缴上级单位的支出，在支出要素类设置“上缴上级支出”总账科目。本科目借方登记上缴上级单位的资金数；贷方登记上缴资金的退还数和期末转账数；借方余额反映实际上缴上级资金的累计数。期末结账后，本科目应无余额。

本科目应当按照收缴款项单位、缴款项目、《政府收支分类科目》中“支出功能分类”相关科目等进行明细核算。

2. 上缴上级支出的账务处理

（1）按规定将款项上缴上级单位的，按照实际上缴的金额，借记本科目，贷记“银行存款”等科目。

（2）期末，将本科目本期发生额转入事业结余，借记“事业结余”科目，贷记本科目。

（三）其他支出的核算

1. 其他支出的科目设置

为了核算单位除事业支出、上缴上级支出、对附属单位补助支出、经营支出以外的各项支出，在支出要素类设置“其他支出”总账科目。本科目借方登记其他支出的增加数；贷方登记其他支出的减少数；平时借方余额反映其他支出的累计数。期末结账后，本科目应无余额。

本科目应当按照其他支出的类别、《政府收支分类科目》中“支出功能分类”相关科目等进行明细核算。其他支出中如有专项资金支出，还应按具体项目进行明细核算。

2. 其他支出的主要账务处理

（1）利息支出。支付银行借款利息时，借记本科目，贷记“银行存款”科目。

（2）捐赠支出。对外捐赠现金资产，借记本科目，贷记“银行存款”等科目。对外捐出存货，借记本科目，贷记“待处置资产损溢”科目。

对外捐赠固定资产、无形资产等非流动资产，不通过本科目核算。

（3）现金盘亏损失。每日现金账款核对中如发现现金短缺，属于无法查明原因的部分，报经批准后，借记本科目，贷记“库存现金”科目。

（4）资产处置损失。报经批准核销应收及预付款项、处置存货，借记本科目，贷记“待处置资产损溢”科目。

（5）接受捐赠（调入）非流动资产发生的税费支出。接受捐赠、无偿调入非流动资产发生的相关税费、运输费等，借记本科目，贷记“银行存款”等科目。

以固定资产、无形资产取得长期股权投资，所发生的相关税费记入本科目。具体账务处理参见“长期投资”科目。

（6）期末，将本科目本期发生额中的专项资金支出结转入非财政补助结转，借记“非财政补助结转”科目，贷记本科目下各专项资金支出明细科目；将本科目本期发生额中的非专项资金支出结转入事业结余，借记“事业结余”科目，贷记本科目下各非专项资金支出明细科目。

（四）支出的管理要求和原则

1. 支出管理的要求

单位的支出既要保证本单位事业发展的需要，又要遵守国家有关财务规章制度的规定，控制不合理的资金耗费和支出，精打细算，厉行节约，提高资金的使用效率。在管理各项支出时，应做到以下几个方面。

第一，严格遵守国家有关财务规章制度的规定。单位支出应当严格执行国家有关财务规章制度规定的开支范围及开支标准；国家有关财务规章制度没有统一规定的，由单位规定，报主管部门和财政部门备案。对规定违反法律和国家政策的，主管部门和财政部门应当责令改正。

第二，勤俭节约，提高资金的使用效益。单位要精打细算，厉行节约，既要考虑完成事业计划的资金需要，又要合理节约地使用资金，加强经济核算，提高资金的使用效益。

第三，要对支出实行分类管理，保持合理的支出结构。单位的各项支出应当按规定的渠道分别列支，按收入的情况统筹安排，同时要保持一个合理的支出结构，尤其是人员经费和公用经费应保持一个合理的比例。应当控制人员经费支出，相对增加公用经费支出，以促进事业活动不断发展。

第四，要划清各项支出的界限。一是划清基建支出与事业支出的界限。凡是达到基本建设额度的支出，应报请主管部门从基建投资中安排，不得占用事业经费。二是划清单位支出和个人支出的界限。应由个人负担的支出，不得由单位负担。三是划清事业支出与经营支出的界限。应当列入事业支出的项目，不得列入经营支出；同样，应当列入经营支出的项目，也不得列入事业支出。单位从事各项业务活动发生的支出，应当正确予以归集；无法直接归集的，应当按标准和规定的比例在事业支出和经营支出中进行合理分摊。四是划清事业支出与对附属单位补助支出和上缴上级支出的界限。对附属单位补助支出和上缴上级支出，属于本系统内部调剂性质的支出，这部分支出最终将体现在本系统内部其他单位，不能计入本单位的事业支出，以免虚增事业支出。五是专项资金要专款专用。单位从财政部门和主管部门取得的有指定项目和用途的专项资金，应当专款专用、单独核算，并按照规定向财政部门或者主管部门报送专项资金使用情况；项目完成后，应当报送专项资金支出决算和使用效果的书面报告，接受财政部门或者主管部门的检查、验收。

2. 支出管理的原则

第一，分清轻重缓急，合理分配各项支出的比例。资金是有限的资源，不能随意挥霍。因此，在分配资金时，必须根据各项支出的重要性和紧迫性来进行。

对于那些对单位运营至关重要且时间紧迫的支出，应优先考虑，确保关键领域的资金需求得到满足。而对于那些相对次要或可以延缓的支出，则可以适当调整其资金比例，以实现整体资金分配的平衡。

第二，分清各项支出的界限，按资金渠道办理支出，单位的各种资金有规定的使用范围，应严格遵守。每一笔支出都必须明确其资金来源和去向，确保资金的合规使用。这样做不仅有助于保持财务的透明度和规范性，还能有效避免资金的滥用和浪费。

第三，节约各种费用支出。在经济活动中，过度消费和浪费是必须避免的。通过严格控制购买力和节约支出，我们可以确保单位的财务状况稳健，为未来的发展留下更多的资金储备。同时，这也有助于培养全体成员的节约意识和成本意识，促进组织的可持续发展。

第九章　财务会计领域的新发展探究

随着信息技术的不断发展，财务会计领域也在不断创新与发展。本章将探究财务会计领域的新发展，包括财务会计信息化的应用与实践、财务共享中心的构建与运营，以及财务智能化体系的建设与发展。

第一节　财务会计信息化的应用与实践

在信息化时代，单位应对自身工作进行不断深入改革。信息技术的发展为单位发展提供了新的机遇，但是财务会计内部控制存在着不少问题，管理方式也需要更新，需要积极发挥信息化技术的优势，做好财务会计信息化建设，以此来推动单位的可持续发展。

一、财务会计内部控制信息化建设的必要性

（一）财务管理水平得到提高

对于单位来说，政府财政拨款是其最主要的资金来源。单位对于财务工作不够重视，因此也就难以保证管理效率。财务收支、固定资产、预算等管理工作容易被忽视，因此贪污现象时有发生，内部资金利用率较低，安全性也难以得到保证，这对单位的发展产生了很大的阻碍作用。为应对这些挑战，单位应积极推进财务会计内部控制的信息化建设，强化预算管理与固定资产的监管，坚决杜绝贪污现象，从而全面提升财务管理水平，为单位的稳健发展奠定坚实基础[①]。

（二）资金利用率和资源共享得到提升

通过引入先进的信息化技术，单位能够更有效地整合财务资源，实现数据的实时共享与高效传递，从而大幅提升资金的流转效率与利用水平。这一变革不仅

① 车昕格．事业单位财务会计信息化建设研究 [J]. 财经界，2021（35）：103-104.

优化了财务流程，还显著增强了内部控制管理的精确性与时效性。在信息化平台的支持下，单位能够更精准地监控资金流动，及时发现并纠正潜在的风险点，确保每一笔资金都能被高效、合规地使用。同时，信息化建设还促进了单位内部各部门之间的信息沟通与协作，打破了传统管理中的信息孤岛，使资源能够在更大范围内实现共享与优化配置。这不仅提升了单位整体的运营效率，更为其长期稳定发展奠定了坚实的财务基础。

（三）工作效率得到提高

财务会计内部控制信息化建设之前，单位应用的是传统的管理模式，由人工计算和整理相关数据，工作量较大，计算也容易出错。实施财务会计内部控制信息化建设后，使用计算机计算和保存相关数据，有效减少了工作量，工作效率得到大幅提高，数据计算结果准确率更高。此外，提高数据统计和计算的准确率，领导才能根据精确的数据作出正确决策，决策的科学性才能更强，才能优化内部制度，让单位得到良性发展。

（四）对财务信息和资源进行整合

财务会计内部控制信息化建设的持续推进对各部门间的沟通和交流具有积极的意义，可以有效利用和整理各种单位内部信息，单位领导可以通过财务内部控制系统查询和监管各类财务资料和财务信息，进而指导财务管理工作。此外，对于单位内部和外部单位间的沟通和交流也起到了重要作用，比如，通过采购管理系统，政府可以及时进行财务监管，同时还可以整合单位资源，确保合理利用好各项资源，让单位获得更好的发展。

二、财务会计内部控制信息化建设的加强措施

（一）内部控制体系应不断进行完善

科学性和严谨性是构建制度的前提，如果构建的制度缺乏科学性，财务工作就无法正常展开。单位在构建制度时，应结合自身状况认真分析，确保构建的制度建立在当前的发展基础之上，一旦单位财务出现问题，便于及时发现并迅速解决该问题，将风险出现的概率降至最低。要完善好岗位职责，落实到个人，增强财务人员的责任意识。

（二）对财务会计内部控制信息化管理手段进行优化

财务会计内部控制信息化建设要想得到发展，需要优化管理手段，将完善的管理制度制定出来，在日常工作中落实好管理制度。对于单位领导来说，在日常管理中进行各项决策时需要有精确、科学的信息作为决策依据，因此应积极参与财务会计内部控制信息化建设，让财务会计内部控制信息化建设获得更好的发展。① 单位还需要对内部管理进行积极优化，对财务理念进行不断更新，充分整合相关内部控制信息，做好管理数据和信息间的衔接工作，加快信息化发展进程。

（三）员工信息技术水平要得到提高

单位员工在工作中应积极创新工作方式，转变传统工作理念，将信息技术的优势充分发挥出来，要将其与日常工作相结合，将工作效率提高上去，让工作的准确性得到保证。财务会计内部控制信息化建设的实施者是财务人员，财务会计内部控制信息化进程要想不断发展，需要先提高员工的信息技术水平。部分信息化技术人员对于信息化技术的认识存在误区，觉得信息化技术就是计算机软硬件的应用，在这种错误的认知下，财务人员的信息技术水平提高较慢。要想提高财务人员信息化水平，不仅需要财务人员熟练操作计算机软硬件，还需要他们对管理学和统计学等知识进行认真学习，做到理论与实践相结合。

（四）构建财务会计内控信息化业务流程

财务会计内部控制信息化建设不是一朝一夕就可以完成的，需要经过长期的努力，因此在发展过程中需要根据实际情况不断进行自我完善。单位应根据自身发展情况，对内部控制理念进行创新，积极对已有的内部控制制度进行改革，按照内部控制要求，对现有业务进行梳理，将与内部控制制度相一致的信息化流程构建起来。单位还需要对财务会计管理和信息管理等进行完善，财务会计内部控制系统的建立应确保可以实现信息共享和资源整合。

财务会计内部控制信息化建设在单位发展进程中起到了重要的作用，当前的财务会计内部控制信息化建设中存在不少问题，这些问题对其发展造成了较大的阻碍，需要通过内部会计控制体系的完善、信息化管理手段的优化等来解决。积极发挥信息化技术的优势，做好财务会计内部控制信息化建设，可以有效推动单位的可持续发展。

---

① 车昕格．事业单位财务会计信息化建设研究 [J]. 财经界，2021（35）：103-104.

第二节　财务共享中心的构建与运营

财务共享中心是一种全新的管理模式，它可以通过一个特殊的平台，让各个部门的财务流程一起运作，也可以不断提升单位的标准化程度，从而最大限度地发挥单位的管理职能。传统的财务管理模式往往未能充分发挥人力资源的潜力，这在一定程度上导致了资源的利用不足甚至浪费，而且无法持续高效且高质量的工作，严重影响了单位的战略目标。以互联网为基础的财务共享中心，既可以避免费用的上涨，又可以保证工作的顺利进行，提高工作的质量，充分发挥人力资源的作用，防范内部控制的风险，促进单位的财务转型。因此，财务共享中心的建设，对于单位未来的发展具有重大意义。

一、财务共享中心的相关内容

（一）财务共享中心的概念理解

财务共享服务是依托信息技术，以财务业务流程处理为基础，以优化组织结构、规范流程、提升流程效率、降低运营成本或创造价值为目的，以市场视角为内外部客户提供专业化生产服务的分布式管理模式。财务共享中心是指单位基于信息化和财务过程的处理，对组织架构进行优化，使其管理程序标准化，从而提高工作效率，减少运营费用，为单位带来更大的效益。一般情况下，单位都会设立一个独立的财务共享中心，重组财务流程，将费用的审核、核算、控制和支付等业务，按照一定的标准进行整合，使单位的财务管理更加协调、有效。

（二）财务共享中心的覆盖范围与特点

财务共享中心涵盖较多工作内容，如管控财务行为、财务风险管理、成本控制等，通过多种不同工作手段，展示出财务部门的职能，推动单位经营管理工作有序进行。[①]在具体操作中，可以利用基层性工作，如应付账款、固定资产管理等，落实财务部门的责任，优化单位资金管理效果。在管理控制中，要求财务部门人员发挥会计职能，根据相关报告与规章制度，约束财务行为，以此保证各项工作的实施效果。财务共享中心的建设，实现对单位财务管理模式的更新，增加业务与财务部门互动效果，使单位资源得到充分的应用，为单位可持续发展奠定坚实

① 张敏．财务共享中心下的共享财务管理路径研究 [J]. 中国市场，2024（16）：164-167.

的基础。

数字化时代下，单位经营管理模式发生转变，为单位财务管理转型发展提供了内在支持。通过对财务共享中心应用情况分析，发现大部分单位、行业已经意识到财务共享中心建设的价值，这为财务共享中心推广与发展提供了内在动力。当前我国部分单位已经引进财务共享中心，将此作为创新单位经营管理模式的入手点，通过改变财务、业务管理模式，为单位提供发展动力，使单位各项工作有序进行。

二、财务共享中心构建中存在的问题及原因

（一）财务共享中心构建中存在的问题

1. 信息系统建设不完善

随着信息技术不断变革，信息系统不断更新，许多单位的信息系统建设有待完善。一些单位的会计核算信息系统还是按照人工操作处理流程进行设计，计算机的大运算力和强数据存储功能在一定程度上缓解了人工的劳动压力，但并没有突破基本会计流程原核算框架，只是形式上的高度仿真，从根本上来说，单位仍然处于会计电算化阶段。单位财务共享中心之所以能异地处理单位所有子单位及分支机构的基础财务工作，是因为信息系统的集中化，这说明财务共享模式下的信息系统建设越发重要。

财务共享中心的信息系统建设不完善，可能会导致财务数据的输入、处理和输出错误，使财务数据不准确。此外，还会导致财务数据外泄或遭受黑客的攻击，从而带来安全风险，致使单位的财务数据被盗取或篡改。

2. 缺乏专业的共享财务人员

财务共享中心的操作大多是建立在智能化的数据系统上，单位财务人员水平参差不齐，缺乏专业的共享财务人员。大多数人是基层财务人员从所属分单位的财务部门抽调出来，集中进入财务共享服务中心提供共享服务，财务人员的专业能力参差不一。财务共享中心的操作大多是建立在人工智能基础上，必须有特定的操作规则，才能给出准确的指示，这就向财务人员提出了新要求。而原来的财务人员只拥有一定的财务核算技能和实操经验，缺乏系统的共享中心理论体系。因此，在做账的过程中，有可能出现完全按照原来的传统方法来做账，甚至难以理解系统而造成工作效率低的现象。

一方面，缺乏专业的共享财务人员可能导致单位的财务风险增加。如果会计处理不当，可能会引发财务造假、审计不合格等一系列问题，从而影响单位的信誉和形象，甚至带来法律风险。另一方面，缺乏专业的财务人员可能影响财务共享中心的运作效率。由于无法及时准确地编制财务报表和分析财务数据，管理层可能无法及时了解单位的财务状况，这将会影响其决策效率。

3. 流程管理不规范

现有的财务共享中心虽然在流程处理和分析上起到一定的控制作用，但在流程的规范方面还存在一定的欠缺。由于业务、财务的流程割裂，许多流程操作，尤其是业财分工界面的衔接操作尚不规范。在报销过程中，各业务人员对相关文件的理解和对相关程序的熟悉程度不一，造成了报销过程的不规范。在会计处理过程中，由于录入过程是人工输入，这有可能会出现计算结果不准确以及对原始凭证的收集不完整等问题。此外，会计所掌握的会计准则不能及时地覆盖全部的业务，尤其是新增的业务以及政策的改变。

一方面，流程管理不规范会导致财务共享中心的决策失误，如错误的财务分析，会给单位带来投资失败、资金浪费等损失；另一方面，流程管理不规范会导致财务共享中心的内部控制不力，如数据安全性不足、审批流程漏洞等，这将会给单位带来安全风险和信任危机。

（二）财务共享中心构建中相关问题产生的原因

1. 缺乏战略规划

单位在建立财务共享中心时，往往注重硬件设施的投入和业务流程的整合。没有明确的信息系统战略规划，财务共享中心的信息系统往往是零散、不协调的，难以满足日益增长的财务业务需求。单位缺乏战略规划的具体表现形式主要有以下三个方面：一是单位难以准确预见并有效应对财务共享中心的业务需求变化，致使信息系统无法及时提供相匹配的功能与服务；二是缺乏创新和改进的动力，单位就无法推动信息系统的升级和改进，导致财务共享中心信息系统停滞不前，无法适应日益变化的财务业务需求；三是信息孤岛的出现，不同部门和团队之间缺乏有效的沟通和协作，使得财务共享中心信息系统无法实现信息共享和协作。

2. 培训投入不足

由于财务共享中心涉及的业务范围广泛，技术更新迅速，员工需要不断学习新知识、新技能以适应新的工作模式。然而，培训投入不足导致员工对财务共享中心的理解不深，操作技能不熟练，进而影响了财务共享中心的工作效率和效果。此外，缺乏系统的培训还可能导致员工在工作中出现误操作，增加财务风险。

3. 组织结构不健全

组织结构是指单位的整体框架。财务共享中心当前的组织结构是在原单位财务部的基础上发展起来的，共享中心的监督稽查科也是与各分单位的各个核算机构相联系，对下属单位共同使用的资金进行监督和管理。所以，在这样的环境下，财务共享中心总部的监管力量比较薄弱，在建立财务共享中心的过程中，单位的风险管理部门并未有针对性地对设立组织架构进行调整。单位的组织架构是流程管理的重要支撑，如果单位的组织架构不完善，就会导致流程管理不规范。如单位可能缺乏有效的管理机制，或者管理机制不得当，导致流程管理无法得到有效的监督和协调。

三、财务共享中心构建相关问题的对策

（一）完善战略规划

第一，单位应该明确发展愿景和目标，并为实现这些目标制订明确的计划。SWOT 分析可以帮助单位了解自己的优势、劣势、机会和威胁。单位可以利用这些信息更好地制定战略规划和决策。

第二，单位应该定期审查单位战略规划，以确保其仍然适用于当前的市场环境和单位情况。如果有需要，单位应该及时更新战略规划，以确保其能够应对未来的挑战。

第三，单位应该成立专门的战略规划部门或团队，负责制定、实施和监督战略规划，以确保单位的战略规划得到更好的管理和落实。

第四，单位应该建立有效的沟通渠道，确保战略规划能够及时传达给相关部门，确保单位内部各个部门和团队都能够在同一方向上努力，以实现单位的目标。

（二）强化学习培训

财务共享中心是一个新型组织，要想把它建成一个学习型的组织，就必须重视对员工的教育和培养。首先，应该制订一个详细的培训计划，包括培训的主题、方式、时间表和负责人，这有助于确保培训的完整性和连续性。其次，财务共享工作涉及复杂的财务知识和技能，每年应至少进行一次培训，确保员工了解最新的财务法规。为每个员工制订个人发展计划、目标和行动计划，这有助于员工了

解他们的职业发展道路，并为他们提供必要的培训和支持。最后，不同的员工有不同的学习风格和偏好，因此，应提供多种培训方式，如课堂培训、在线培训和实地考察等，以满足员工的不同需求。

（三）完善监督机制

在单位内部建立一个财务共享中心，应该把它与单位的标准化管理、内控方法有机地结合起来，使单位达到可持续发展的目的。因此，单位必须紧密跟随外部环境的变化，特别是政策导向与社会需求的变动，灵活调整自身的管理策略，确保在监管中发挥应有的作用，并在此基础上提高监管水平。

第一，建立内部审计部门，要独立于财务共享中心的运营部门，以确保审计的独立性和客观性。内部审计部门需要定期审计财务共享中心的运营情况，发现问题并提出改进建议。

第二，建立风险管控机制，包括风险识别、评估、控制和监测，以确保财务共享中心的风险得到有效的管理和控制。同时，相关部门还可以制定合规制度、规定和流程，建立合规监测和反馈机制，以确保财务共享中心的合规性。

第三，建立投诉处理机制，确保员工和客户可以向财务共享中心反映问题和意见，及时处理投诉并采取措施改进工作。

第四，建立监督机制，包括监督和管理财务共享中心的运营情况，确保流程规范、合规性和风险控制，此外，还需及时向外部披露财务共享中心的运营情况和财务状况，确保透明度和公正性。

第三节　财务智能化体系的建设与发展

信息技术、云技术、智能化技术的发展，为现代财务管理提供了重要帮助，其中以业财融合为核心的新时期财务管理理念成为一种趋势，财务智能化体系建设由此受到普遍重视。[①]

一、财务智能化体系建设的应然性

（一）单位自身的需求

对于单位自身而言，传统的人工记账、对账核算等已经不能再满足当前的工

① 张子一．事业单位财务智能化体系建设的思考 [J]. 中国市场，2021（21）：187-188.

作要求，要想真正实现收支明了、切实有据可循就必须对工作模式进行升级调整。财务智能化体系的建设，目的就是引进数字化、信息化、智能化综合技术，对财务工作进行标准化运行，降低工作过程中的失误率，同时依靠标准量化处理程序，减少财务管理的中间耗时，提高工作效率。

（二）行业发展的需求

对于财会行业而言，依据当前社会的需求，财务智能化管理已经成为一种行业共识。当前，会计领域对于智能财务的普遍性定义为：智能财务作为一种财务管理的新模式，以先进的各种理念、技术、方法为基础，在专业的财务管理系统和软硬件的支撑下，构建人机联合工作模式，对财务工作中的复杂情况进行分析处理，并且一定程度上拓展了财务管理工作的功能，实现业务突破和业务辐射，从而加强财务工作在所有工作中的作用，且在部分环节能够用智能化技术设备取代人工操作。财务智能化体系的建设，旨在在财务核算、财务决策、业财融合、财务信息共享等方面实现高度现代化。在保护单位信息闭合系统之外，又有对外交接业务的专门通道，由此加强了单位与其他单位和部门的联系。从技术发展看，当前财务管理与信息化、智能化、自动化等技术不断结合，衍生出如 BI & A 和 ERP 等为代表的技术或系统集群。它们会加快信息处理的速度和质量，并且实现了大型数据的集中批量处理、传输和存储等工作，是会计工作的一次技术性升级。

（三）业务开展的需求

财务工作具有较强的业务关联性，即财务应匹配内部各项工作进行设置，并且完成财务监督，对外则涉及采购或收费等问题，需要规范财务信息的收集工作。为了保证业务的开展，必须对财务工作进行调整，与各项业务之间进行对接，并考虑如何给予其他业务在执行时的便捷。智能财务体系的建设，除了要对财务系统和技术进行升级调整之外，还需要对单位内的各项制度和相关资源配置进行优化，提高内部档案管理水平，并且实现收支分类，快速读取信息和执行决策，且对于凭证管理工作也能提高效率。由此，对内统一了财务信息数据及相关凭证的管理，可以实现智能化的数据分析和风险预警，并根据部门需要和实际业务需要调整决策方向，为单位决策提供帮助，在对外业务中也能通过备注或附加信息进行业务提示，并快速办理对外业务，提升单位的公信力。

二、财务智能化体系建设的原则与要点

（一）财务智能化体系建设的原则

财务智能化体系的建设，应当以单位业务及实际情况为基础，尊重内部管理制度、管理方式和工作原则等，在建设时需要遵守的原则如下。

一是实效原则。对财务系统、技术、制度等的建设，需要合理兼顾预算管理需求和不同部门的具体工作，为部门接收和上传财务信息数据提供便利，且需要构建便于各个部门查阅的信息库和实时互动通道。

二是先进原则。财务工作中所采用的软硬件设施、技术手段及管理理念等，均应具备可靠性与前瞻性，而且智能体系的建设须紧跟时代发展步伐持续升级。这就要求单位时刻保持与财政部门及财会行业的紧密对接，及时掌握最新动态与前沿信息。

三是安全原则。在对整个财务智能化体系的功能进行优化时，必须认识到单位的特殊性，其中很多信息涉及公共安全和公共利益，因此必须做好防范工作，防止非法访问、攻击和资料窃取等行为。

四是综合原则。体系建设需要注重综合协调，应当具有一定的灵活性，以提高体系在单位及外部环境下的适应能力，而不至于使单位财务与相关工作出现滞后性；财务系统的建设应当具备一定的拓展功能，如新业务的开展、新型数据的处理和分析等应当有一定的空间，且能够具备快速接驳新技术，增加实用性功能和辅助性功能的潜力。

（二）财务智能化体系建设的要点

综合当前财务智能化体系建设工作，智能化体系是一个复杂的整体，既拥有复杂的内部关联性，又有外部联系性，需要同时在宏观战略角度和微观细节上做好分析和应对，因此需要加强单位内部对该项工作的重视，并树立科学合理的认知。一方面需要立足于单位的日常事务和自身工作特性，在保障财务工作记账、记录、对账、报告等基本业务的同时，掌握财务管理与业务工作的联系性，从而针对性地优化统计、分析、处理、决策、监督等职能；另一方面重视对财务人员和各个部门相关人员的教育，便于各个部门配合财务工作，发挥绩效会计、管理会计等职能。人员素质是重点，为保障财务智能体系的正常运行，需要对有关人员进行专业知识技能培训，包括信息收集与处理、系统界面操作、日常故障排

查与维护、系统风险识别与基本预防措施等。此外，还需要认识到当前技术和理念仍存在一定的滞后性和时效性，需要在日常工作中不断做好总结，为体系建设提供建议和依据。

三、财务智能化体系建设的思路

（一）制度体系建设

需要对财务管理工作制度进行重新设定，加入关于智能化体系建设的相关规定，如新型的工作流程、新的工作要点、系统和相关操作的技术规范等，财务规章制度除了对财务部门岗位生效之外，也应当对其他部门形成一定的规范约束。设置关于部门之间相互配合的责权制度，财务部门有权就财务信息对有关部门进行核实，而其他部门也有义务主动按照规定格式上传财务信息，必要时需要对财务信息进行说明，完成询问答疑。

（二）技术体系建设

1. 基本思路

在智能化系统建设中，以凭据的真实性、凭据的合理性、财务信息的完整性、信息时效保障等为基础，设置的依据是传统的财务工作，要求能够直观地展现财务情况。在此基础上，对财务行为进行分析，结合人工和专门的分析软件或程序，对财务信息进行同类型比对、加权评分、经验比对等，一方面查找信息中的异常情况，并进行风险预警；另一方面形成财务分析报表，便于财务人员更直观、快捷地掌握单位的财务情况。

2. 流程建设

一般的事前审批、报销等流程，报销人自行输入，并将电子发票与相关资料上传，经过标准信息处理之后，根据审核权限设置通过系统完成审核，再经出纳进行相应处理后，系统自动生成凭证，这降低了财务工作的中间环节和简单重复内容，也降低了人员操作时的失误率。

3. 内容板块

财务流程全生命周期闭环管理模块将财务流程管理工作通过信息化技术固化至系统，实现从预算申报、预算执行、预算绩效管理、财务报销、财务核算、成本管理财务报告及决算报表生成等财务流程全生命周期闭环管理，并实现财务流程全生命周期多维智能可视化分析。财务流程智能化导航模块将财务流程图、财务流程环节说明、业务表单、预算下达及执行进度、绩效目标完成进度、直接成本等信息通过信息化技术手段植入系统，并实现财务业务流程的在线导航、业务流程环节至业务操作界面的自动跳转、业务流程说明的实时展现、跨系统间的单点登录及可视化导航技术的功能应用。财务流程风险实时风控模块选择部分高风险的典型财务流程，通过建立定性和定量相结合的风险防控指标及系统模型，实现对流程全过程风险点的实时监控、自动预警提醒。

（三）人才体系建设

进一步加强人才自我完善激励制度，即鼓励员工自主学习，对财务政策和理论知识、单位管理和业务知识等进行学习。通过定期考核或员工主动上报凭证的办法确定学习成果，并给予待遇或精神奖励。在财务部门的人员搭配上，由于提高了财务工作的科技含量，并增强了财务部门参与单位管理和监督的地位，所以需要在纯财务专业人才的基础上再增加技术型和管理型岗位。

（四）其他建设

在其他方面需要做到“三保障”措施：①单位内部应加大资金投入，建立财务智能体系建设专项资金，用于系统开发与完善、日常管理和维护、设备更新换代等工作，做好长期规划和逐年预算管控；②加强与商品市场的联系，从供应商方面获取关于技术更新、价格变化、性价比调查报告等多种信息，帮助单位综合判断，而且长期与供应商建立联系还有利于单位咨询和解决一些智能化产品上的难题，增加智能化系统的保障；③在业务中进行意见和建议收集，作为判断单位财务智能化体系综合性能的依据，如对外办公时服务对象对财务流程中的缴费、凭证获取、信息备注等提出的不便捷或延时性的意见反馈，或者是关于某些业务应当在智能化系统中增设对应桌面应用等建议。

总之，财务管理工作关系到政府公共财政运行的合理性，同时也关系到单位内各个部门的业务运转，在新时期各项高新技术的支持下，财务管理唯有迎合技术发展的背景，以智能化为突破口，才能有效提高工作效率，同时为单位其他工作的分析与优化提供帮助，这不仅反映了单位自身的管理水平，同时也是响应国家号召、立足未来发展的直观表现。

参考文献

一、著作类

[1] 安俊秀，叶剑，陈宏松 . 人工智能原理、技术与应用 [M]. 北京：机械工业出版社，2022.

[2] 蔡文著 . 公共部门人力资源管理 [M]. 上海：复旦大学出版社，2017.

[3] 黄源，董明，刘江苏 . 大数据技术与应用 [M]. 北京：机械工业出版社，2020：10.

[4] 李变花 . 中国经济增长质量研究 [M]. 北京：中国财政经济出版社，2008.

[5] 李涛 . 公共组织人力资源管理 [M]. 北京：科学出版社，2017.

[6] 罗晓华 . 公共部门财务会计 [M]. 上海：复旦大学出版社，2015.

[7] 马克思，恩格斯 . 马克思恩格斯文集（第一卷）[M]. 北京：人民出版社，2009.

[8] 谭融 . 公共部门人力资源管理 [M].. 天津：天津大学出版社，2017.

[9] 王璐欢，开伟 . 人工智能与机器人技术应用初级教程 e.Do 教育机器人 [M]. 哈尔滨：哈尔滨工业大学出版社，2020：3.

[10] 王知桂 . 人力资源管理 [M]. 厦门：厦门大学出版社，2014.

[11] 王志 . 大数据技术基础 [M]. 武汉：华中科技大学出版社，2021.

[12] 夏振坤 . 发展经济学概论 [M]. 武汉：湖北人民出版社，2000.

[13] 杨艳东 . 公共部门人力资源管理 [M]. 郑州：河南大学出版社，2013.

[14] 章小波 . 公共部门人力资源管理 [M]. 广州：广东人民出版社，2017.

二、期刊类

[1] 白光 . 基于财务会计准则视域下的人力资源管理分析 [J]. 中小企业管理与科技（上旬刊），2021（01）：33–34.

[2] 蔡红，韩兆洲，孙瑞峰 . 人力资源与经济高质量发展的耦合协调关系研究 [J].

统计与决策，2022，38（21）：174–178.
[3] 车昕格．事业单位财务会计信息化建设研究 [J]. 财经界，2021（35）：103–104.
[4] 陈鼎祥，刘帮成．人工智能时代的公共部门人力资源管理：实践应用与理论研究 [J]. 公共管理与政策评论，2022，11（04）：38–51.
[5] 陈丽云．人力资源培训管理中的培训效果评估分析 [J]. 商，2015（13）：46.
[6] 陈彤．对事业单位财务智能化体系建设的思考与建议 [J]. 商业观察，2024，10（03）：21–24.
[7] 陈晓红，李杨扬，宋丽洁，等．数字经济理论体系与研究展望 [J]. 管理世界，2022，38（02）：13–16，208–224.
[8] 陈钰．数字经济时代如何优化事业单位人力资源管理 [J]. 今日财富，2023（13）：143–145.
[9] 程昊．事业单位财务会计工作探析 [J]. 大连教育学院学报，2024，40（01）：79–80.
[10] 戴琳．大数据时代下人力资源管理发展现状及创新路径探索 [J]. 佳木斯职业学院学报，2024，40（01）：70–72.
[11] 冯彩玲．财务共享中心下的共享财务管理 [J]. 财富时代，2020（11）：150–151.
[12] 高峪琴．我国共享经济发展的探究 [J]. 吕梁教育学院学报，2021，38（04）：43–44，50.
[13] 和沐雯．数字经济时代事业单位人力资源管理创新发展 [J]. 智慧中国，2022（05）：74–76.
[14] 贺慧．刍议大数据时代事业单位人力资源管理变革 [J]. 商业 2.0，2024（06）：40–42.
[15] 侯鹏．新时代我国经济如何实现高质量发展 [J]. 人民论坛，2018（23）：86–87.
[16] 胡旸．人力资本理论国内外研究发展综述 [J]. 企业改革与管理，2021（05）：108–109.
[17] 黄彩成．共享经济视角下人力资源管理创新模式分析 [J]. 现代营销（上旬刊），2023（07）：142–144.
[18] 黄晓波，司明慧．财务会计对象和要素理论述评 [J]. 石家庄经济学院学报，2010，33（04）：73–76.

[19] 李梦莹，马颖，俞昊，等 . 组织职业生涯管理的发展探析 [J]. 人力资源管理，2014（06）：51–52.

[20] 李云霞 . 人力资源与经济高质量发展的协调关系研究 [J]. 中国集体经济，2023（21）：145–148.

[21] 刘海霞 . 我国经济高质量发展的内涵与本质 [J]. 现代管理科学，2019（11）：3–5.

[22] 刘萍 . 关于财务会计要素研究 [J]. 商，2014（25）：112.

[23] 刘娴音 . 人力资源培训的方法分析 [J]. 东方企业文化，2014（04）：134，136.

[24] 刘志恒 . 优化人力资源配置推动经济高质量发展 [J]. 内蒙古科技与经济，2022（06）：68–69.

[25] 鲁佳佳 . 财务共享中心构建中存在的问题及对策研究 [J]. 现代营销（下旬刊），2023（10）：149–151.

[26] 陆燕 . 会计信息化对传统财务会计职能的影响 [J]. 财经界，2022（01）：103–105.

[27] 彭丹丹 . 数字经济时代如何优化事业单位人力资源管理 [J]. 中国乡镇企业会计，2021（12）：91–92.

[28] 祁宇晨 . 信息化技术在公共部门人力资源管理中的应用研究 [J]. 中国管理信息化，2021，24（06）：167–168.

[29] 孙延延 . 大数据时代事业单位人力资源管理变革的思考 [J]. 中国产经，2022（06）：60–62.

[30] 孙一，蒋学杰 . 中国共享经济发展历程及意义 [J]. 合作经济与科技，2021（09）：16–18.

[31] 汪罗 . 麦格雷戈：人性假设理论创始人 [J]. 当代电力文化，2014（09）：90–91.

[32] 王典清 . 信息时代财务会计工作的创新管理对策分析 [J]. 中国管理信息化，2023，26（05）：67–70.

[33] 王慧卿 . 财务共享中心构建与运营中的问题与对策 [J]. 财会学习，2021（27）：31–33.

[34] 王倩 . 信息化技术在人力资源管理中的应用探究 [J]. 中国科技投资，2021，（19）：97，115.

[35] 王强 . 优化人力资源配置推动经济高质量发展 [J]. 营销界，2023（02）：50–52.

[36] 吴傲立，梅乐．绿色人力资源管理研究 [J]. 合作经济与科技，2024（03）：106–108.

[37] 邢丹．财务会计工作的精细化管理 [J]. 纳税，2023，17（31）：67–69.

[38] 杨富娟．数字经济时代优化事业单位人力资源管理的路径探索 [J]. 就业与保障，2024（01）：55–57.

[39] 杨宇．论财务会计要素概念的历史变迁 [J]. 厦门大学学报（哲学社会科学版），2008（04）：54–60.

[40] 余碧艺．信息化技术在事业单位人力资源管理中的应用与实现 [J]. 海峡科技与产业，2023，36（05）：69–72.

[41] 袁海霞．人工智能技术与人力资源管理实践影响逻辑与模式演变探析 [J]. 商讯，2023（15）：191–194.

[42] 张建民，顾春节，杨红英．人工智能技术与人力资源管理实践：影响逻辑与模式演变 [J]. 中国人力资源开发，2022，39（01）：17–34.

[43] 张丽芸．智慧考勤技术在人力资源管理中的应用 [J]. 商场现代化，2023（14）：62–64.

[44] 张敏．财务共享中心下的共享财务管理路径研究 [J]. 中国市场，2024（16）：164–167.

[45] 张弯弯．信息时代下财务会计工作的创新管理研究 [J]. 中国市场，2024（04）：151–154.

[46] 张婴楠．智能化考勤技术在人力资源管理中的应用价值 [J]. 现代企业，2020（01）：13–14.

[47] 张子一．事业单位财务智能化体系建设的思考 [J]. 中国市场，2021（21）：187–188.

[48] 赵学文．大数据时代事业单位人力资源管理变革的策略探讨 [J]. 商业观察，2022（32）：41–44.

[49] 郑泽南．大数据对财务会计工作的挑战及对策探讨 [J]. 金融客，2023（08）：87–89.

[50] 朱瑞洁．我国共享经济发展潜力影响因素研究 [J]. 中国物价，2023（07）：39–41，56.

[51] 朱小军．大数据时代事业单位人力资源管理变革的思考 [J]. 财经界，2020（28）：249–250.